Arshad Ali
Mohammed Faizan Farooqui

Guia completo para sistemas multiagentes

Arshad Ali
Mohammed Faizan Farooqui

Guia completo para sistemas multiagentes

Uma estrutura multiagente baseada no conhecimento em Web Mining

ScienciaScripts

Cover image: www.ingimage.com

This book is a translation from the original published under ISBN 978-620-7-48380-8.

Publisher:
Sciencia Scripts
is a trademark of
Dodo Books Indian Ocean Ltd. and OmniScriptum S.R.L publishing group

120 High Road, East Finchley, London, N2 9ED, United Kingdom
Str. Armeneasca 28/1, office 1, Chisinau MD-2012, Republic of Moldova, Europe
Printed at: see last page
ISBN: 978-620-8-36614-8

Conteúdo

RECONHECIMENTO

Este livro tem uma contribuição muito significativa no vasto oceano do conhecimento, cujo autor é o Todo-Poderoso. Tive o privilégio de estudar na Universidade Integral de Lucknow, que é uma das principais universidades da Índia. Estou muito grato ao ilustre Chanceler da Universidade Integral de Lucknow, **Prof. Syed Waseem Akhtar**, pela sua atitude sempre prestável e por me ter encorajado a sobressair na investigação. Estou imensamente grato ao **Dr. Syed Nadeem Akhtar**, Pró-Chanceler da Universidade Integral de Lucknow, pelo seu inestimável apoio moral e orientação ao longo do meu percurso de investigação. Sob a sua liderança, tive a sorte de ter acesso a um ambiente de investigação excecional que promoveu o meu crescimento e desenvolvimento. **Javed Musarrat**, Vice-Chanceler da Universidade Integral de Lucknow, pelo seu apoio constante ao meu trabalho de investigação. Gostaria de exprimir os meus sinceros agradecimentos ao **Prof. Mohd Haris Siddique**, Conservador, Universidade Integral, Lucknow. **Wahajul Haq,** Dean Doctoral Studies, Integral University, e ao **Prof. Tahseen Usmani**, Dean, Faculty of Engineering & IT, Integral University, Lucknow, pelos seus comentários perspicazes, sugestões e recomendações de leitura ao longo do meu trabalho de investigação, que ajudaram a aperfeiçoar a minha investigação.

Gostaria de agradecer ao **Dr. Mohd. Faisal,** Diretor do Departamento de Aplicações Informáticas, pelo seu apoio na conclusão deste livro. Agradeço também ao **Dr. Md. Faizan Farooqui,** meu orientador, por me ter honrado com as suas valiosas observações ao longo do processo de investigação e por me ter dado todo o tipo de apoio necessário para a conclusão deste livro. Gostaria de agradecer ao **Dr. Abdul Rahman Khan,** Controlador de Exames, pelas suas valiosas sugestões. Gostaria de agradecer ao **Dr. Anwar Bari** e **ao Dr. Mohd. Waris Khan** pelo seu valioso apoio. Gostaria também de exprimir os meus sinceros agradecimentos a todos os membros do corpo docente e ao pessoal administrativo do departamento pelo seu encorajamento e apoio contínuo.

Gostaria também de agradecer profundamente a todos os meus professores, pela sua inestimável e útil orientação e tutoria durante todo o período do meu estudo. Por último, mas não menos importante, não posso deixar de exprimir a minha gratidão aos meus pais, irmãos, mulher e filho **Arshaan Ali.** Tenho negligenciado alguns dos meus deveres para com eles e agradeço a sua tolerância, mesmo nas piores circunstâncias. Pelo contrário, têm sido uma fonte de inspiração e de consolação para mim.

Arshad Ali

RESUMO

A crescente importância da extração de dados na Web e a crescente complexidade da informação disponível na Web exigem o desenvolvimento de estruturas avançadas de representação e gestão do conhecimento. Neste livro, apresentamos uma análise e conceção de uma estrutura baseada no conhecimento, concebida especificamente para um sistema multi-agente que opera no domínio da extração de dados da Web. A estrutura proposta visa facilitar a extração, integração e utilização eficientes do conhecimento de diversas fontes da Web, empregando uma abordagem distribuída e colaborativa.

A fase de análise deste livro centra-se na compreensão dos requisitos e desafios associados à extração da Web num sistema multiagente. Examinamos várias técnicas de extração da Web e identificamos os principais componentes e funcionalidades necessários para uma estrutura eficaz baseada no conhecimento. Além disso, investigamos as caraterísticas dos sistemas multiagentes e a sua adequação às tarefas de extração da Web.

Com base nos conhecimentos adquiridos com a análise, passamos à fase de conceção, em que delineamos uma arquitetura abrangente para o quadro baseado no conhecimento. A conceção incorpora técnicas de representação do conhecimento distribuído, permitindo aos agentes captar e armazenar o conhecimento da extração da Web de uma forma estruturada. O quadro também inclui mecanismos de integração de conhecimentos, assegurando que a informação de diversas fontes é combinada de forma inteligente para melhorar a base de conhecimentos global.

Além disso, a conceção tem em conta a colaboração entre agentes, permitindo-lhes partilhar e trocar conhecimentos, aumentando assim a inteligência colectiva do sistema. A estrutura suporta actualizações dinâmicas de conhecimentos, permitindo que os agentes se adaptem a ambientes Web em mudança e incorporem novas informações sem problemas.

Para avaliar a eficácia da estrutura baseada no conhecimento proposta, realizamos experiências utilizando cenários reais de extração de dados da Web. Os resultados demonstram a capacidade da estrutura para lidar eficazmente com tarefas complexas de exploração da Web, revelando o seu potencial para melhorar a extração, integração e utilização de conhecimentos num sistema multiagente.

Em conclusão, esta análise e conceção de um quadro baseado no conhecimento para um sistema multi-agente na extração de dados da Web contribuem para o avanço das técnicas de gestão do conhecimento na extração de dados da Web. O quadro proposto oferece uma abordagem eficiente e colaborativa para extrair conhecimentos valiosos da Web, fornecendo uma base sólida para mais investigação e desenvolvimento neste domínio.

A prospeção na Web é um domínio que envolve a extração de informações e conhecimentos valiosos da vasta quantidade de dados disponíveis na World Wide Web. Como o volume de dados da Web continua a crescer exponencialmente, tornou-se cada vez mais difícil organizar e utilizar essas informações de forma eficaz. Os sistemas multiagentes (MAS) surgiram como uma abordagem promissora para gerir e processar dados da Web devido à sua natureza distribuída e colaborativa. Neste contexto, a conceção e a implementação de um quadro baseado no conhecimento desempenham um papel fundamental para permitir uma extração eficiente da Web.

Este livro apresenta uma análise aprofundada e a conceção de uma estrutura baseada no conhecimento (MAKB) especificamente adaptada a um sistema multiagente no domínio da extração de dados na Web. A estrutura tem como objetivo abordar os desafios associados à aquisição, armazenamento, recuperação e utilização de conhecimentos de diversas fontes na Web. Fornece uma infraestrutura robusta que suporta a integração perfeita de vários agentes que trabalham em colaboração para extrair e processar dados da Web.

A fase de análise do estudo centra-se na compreensão dos requisitos e desafios da prospeção da Web num ambiente de sistema multiagente. É efectuada uma análise exaustiva das estruturas baseadas no conhecimento e das tecnologias conexas existentes para identificar os pontos fortes e as limitações das abordagens actuais. Além disso, as necessidades específicas dos agentes de extração da Web, como a aquisição de dados, o pré-processamento de dados, a extração de caraterísticas e a representação do conhecimento, são examinadas em pormenor.

Com base na análise, a fase de conceção propõe uma nova estrutura baseada no conhecimento que responde aos requisitos e desafios identificados. O quadro foi concebido para ser escalável, flexível e capaz de lidar com a natureza dinâmica dos dados da Web. Incorpora técnicas avançadas dos domínios da recuperação de informação, da aprendizagem automática e do processamento de linguagem natural para melhorar as capacidades de extração e representação de conhecimentos do sistema.

A estrutura MAKB proposta inclui vários componentes chave, incluindo um módulo de aquisição de dados distribuído, um módulo de pré-processamento para limpar e transformar dados web em bruto, um módulo de extração de caraterísticas para identificar padrões e estruturas relevantes, e um módulo de representação do conhecimento para organizar e armazenar o conhecimento extraído. Além disso, a estrutura incorpora mecanismos de partilha de conhecimentos, colaboração e adaptação entre os agentes participantes.

Para avaliar a eficácia e a eficiência do quadro proposto, é desenvolvido um protótipo de implementação e aplicado num cenário realista de extração de dados da Web. Os resultados experimentais demonstram a capacidade do quadro para lidar com grandes volumes de dados da Web, a sua escalabilidade para acomodar agentes adicionais e a sua capacidade para melhorar o desempenho global do sistema multi-agente em tarefas de extração da Web.

Em conclusão, este livro apresenta uma análise e conceção abrangentes de uma estrutura baseada no conhecimento para um sistema multiagente no domínio da extração de dados da Web. A estrutura proposta aborda os desafios únicos da gestão de dados da Web e facilita a extração e utilização eficientes de conhecimentos. Os resultados experimentais realçam o potencial da estrutura para melhorar o desempenho e a eficácia da extração de dados da Web num ambiente distribuído e colaborativo. O trabalho futuro pode centrar-se numa maior otimização e aperfeiçoamento da estrutura, bem como na sua aplicação em cenários reais de extração de dados da Web.

CAPÍTULO 1

1.1 Antecedentes e motivação

Uma das tecnologias modernas mais importantes é, sem dúvida, a Internet. Não só tornou a vida mais fácil do que antes, como também tem um impacto significativo na forma como o nosso mundo comunica e funciona. A Internet tornou a comunicação internacional acessível aos utilizadores graças ao desenvolvimento de ferramentas como o chat áudio, as mensagens instantâneas e o correio eletrónico. Estes programas facilitaram as ligações diárias entre pessoas de todo o mundo, para além de simplificarem a comunicação. A Internet mudou profundamente muitas facetas da vida, transformando-as de várias maneiras, incluindo comércio, emprego, medicina, segurança, transporte e entretenimento.

A Internet é uma das maiores inovações da atualidade que desencadeou uma nova revolução. A partilha de informações é o principal objetivo da Internet. Com a criação da Internet, a informação pôde ser transmitida quase rapidamente em todo o mundo. Só este facto alterou a realidade de praticamente todas as empresas do mundo. Ao reduzir o tempo necessário para que os documentos se desloquem de um local para outro, a Internet transformou a forma como a administração é feita e aumentou a produtividade na indústria. A forma como as pessoas comunicam umas com as outras é significativamente afetada pela Internet. Sítios Web como o YouTube e o iPlayer transformaram a forma como organizamos o nosso entretenimento, enquanto sítios de redes sociais como o Facebook e o Twitter transformaram a forma como gerimos a nossa vida social (C. S. S. Kumar & Santhosh, 2020).

Este capítulo centra-se no tema da análise e conceção de uma estrutura baseada no conhecimento para sistemas multiagentes na exploração da Web. Os cientistas de dados que exploram bases de dados de grafos maciços estão muito interessados no projeto de uma estrutura baseada no conhecimento.

A riqueza desses conjuntos de dados coloca grandes desafios à estrutura baseada no conhecimento desenvolvida anteriormente para manter o equilíbrio entre a interpretabilidade, a exatidão e a escalabilidade. O ponto central desta tese é conceber técnicas de extração não supervisionada eficientes, mas baseadas na aprendizagem profunda, que possam produzir resultados precisos. Neste capítulo, discutimos a importância deste estudo, para além dos desafios subjacentes, seguindo-se o âmbito, o foco e os contributos da nossa investigação. Concluímos com um roteiro para o resto da tese.

Tornou-se cada vez mais difícil para qualquer sistema de recuperação de informação localizar respostas pertinentes às perguntas dos utilizadores devido à excecional facilidade de acesso à Internet e ao desenvolvimento exponencial da quantidade de informação disponível para os seus utilizadores. Os actuais sistemas de recuperação de informação, como os motores de pesquisa, podem descobrir rapidamente material em resposta a uma consulta do utilizador, mas este tem de percorrer o resultado para ver se contém informação considerada relevante para o que procura. Este pode ser um processo laborioso e frequentemente frustrante. Além disso, mesmo que o utilizador determine que a informação devolvida não é pertinente, isso não implica necessariamente que a informação que procura não esteja acessível através da Internet. Apesar do seu sucesso significativo e das suas contribuições para enfrentar os desafios da recuperação de informação (RI), os motores de pesquisa convencionais continuam a devolver um enorme número de páginas com base apenas na correspondência de palavras-chave, devido à quantidade crescente de informação disponível. Para selecionar a informação pertinente, os utilizadores têm de analisar uma grande quantidade de dados.

Ao agrupar os dados em diferentes categorias utilizando métodos como os procedimentos de extração da Web utilizados pelo motor de busca "CLUSTY.COM", várias iniciativas tentaram resolver esta questão. Por exemplo, o MED-LINE (Medical Literature Analysis and Retrieval System Online), uma base de dados e um motor de busca em linha, é utilizado noutras técnicas para extrair da Web informações pertinentes disponíveis sobre um determinado assunto. Os motores de pesquisa Google, Yahoo e Bing utilizam técnicas para melhorar o processo de recuperação de informações, como o aumento gramatical das consultas e o auto-preenchimento da pesquisa. Ao concentrar a informação recuperada em função dos perfis e preferências do utilizador, a personalização é outro método para limitar a quantidade de informação recolhida. Ao desenvolver o conjunto único de competências de cada utilizador, a recuperação personalizada de conteúdos procura melhorar o procedimento de recuperação. Embora o perfil de um utilizador possa ser alterado a qualquer momento e nem todas as preferências do utilizador sejam aplicáveis em todas as circunstâncias, a informação recuperada pode ainda assim devolver muitos resultados com base na correspondência de palavras-chave com os perfis do utilizador.

A complexidade e a heterogeneidade dos gostos humanos tornam impossível satisfazer cada pessoa que procura informação através da classificação do conteúdo em domínios distintos. Para prever a pertença a esses grupos, tem-se revelado eficaz examinar as palavras que ocorrem frequentemente juntas nas publicações. A comunidade de investigação em recuperação de informação está plenamente consciente da dificuldade de encontrar informação adequada às necessidades específicas de um utilizador, e estão a ser feitos avanços consideráveis para ultrapassar esta dificuldade (B. Ribeiro et al., 2023).

1.2 Desafios

É necessário criar uma nova estratégia de recuperação de informação que reúna informação específica de uma categoria que vá ao encontro das preferências do utilizador de informação, devido ao enorme volume de informação acessível na Internet e à complexidade de replicar o comportamento humano. Parece que este desafio tem dois lados. Devido à variedade infinita de "desejos e necessidades" dos utilizadores, uma dificuldade é apresentar o utilizador como uma entidade mal definida. Devido a uma diferença nas necessidades dos utilizadores, estes podem submeter consultas idênticas ao sistema de recuperação de informação, mas antecipar resultados completamente diferentes. A disponibilidade de tanta informação na Internet e a sobreposição dos tópicos e domínios que esta abrange constituem outra dificuldade. É difícil para o sistema de recuperação de informação determinar a relevância de um determinado resultado em relação à consulta do utilizador devido à grande quantidade de informação disponível. Existem vários desafios no desenvolvimento de um quadro baseado no conhecimento para sistemas multi-agentes na extração de dados na Web. Alguns desses desafios são:

- Escalabilidade: O quadro deve ser capaz de tratar grandes quantidades de dados e suportar múltiplos agentes a funcionar em simultâneo.
- Integração de dados: A prospeção na Web envolve frequentemente a recolha de dados de múltiplas fontes, que podem ser heterogéneas e inconsistentes. O quadro deve ser capaz de lidar eficazmente com este problema de integração de dados.
- Representação do conhecimento: Os dados da Web podem ser não estruturados e difíceis de representar num formato normalizado. O quadro deve suportar várias técnicas de representação do conhecimento para armazenar e processar estes dados.
- Resolução de conflitos: O funcionamento simultâneo de vários agentes pode resultar no armazenamento de informações contraditórias na base de conhecimentos. O quadro deve suportar técnicas eficazes de resolução de conflitos.
- Privacidade dos dados: A prospeção na Web envolve frequentemente a recolha de informações pessoais, o que suscita preocupações em matéria de privacidade. O quadro deve garantir que os dados recolhidos são armazenados e tratados de forma segura.
- Robustez: O quadro deve ser robusto contra ataques e falhas, uma vez que o sistema multiagente pode ser vulnerável a agentes maliciosos e a falhas do sistema.
- Actualizações dinâmicas: A Web está em constante mudança e a base de conhecimentos deve ser actualizada para refletir essas mudanças. A estrutura deve suportar actualizações dinâmicas da base de conhecimentos.

De um modo geral, o desenvolvimento de um quadro baseado no conhecimento para sistemas multiagentes na extração de dados na Web é uma tarefa complexa que exige a resolução de vários desafios técnicos (Marm et al., 2015).

1.3 Declaração do problema

O problema consiste em conceber e analisar uma estrutura baseada no conhecimento para um sistema multi-agente no contexto da extração de dados da Web. O objetivo é desenvolver uma estrutura robusta e eficiente que possa captar, armazenar e utilizar eficazmente o conhecimento extraído dos processos de extração da Web, a fim de melhorar o desempenho do sistema multiagente. As questões-chave identificadas são:

- Aquisição de conhecimentos: Desenvolvimento de mecanismos para extrair conhecimentos relevantes dos processos de extração da Web. Isto implica identificar e recolher dados de várias fontes em linha, como sítios Web, plataformas de redes sociais e bases de dados em linha.
- Representação do conhecimento: Conceber um esquema de representação adequado para organizar e estruturar o conhecimento adquirido de uma forma significativa. Isto inclui a definição de ontologias, taxonomias ou outros modelos de representação do conhecimento adequados para garantir a compatibilidade e a interoperabilidade entre os diferentes agentes do sistema.
- Armazenamento de conhecimentos: Estabelecer um mecanismo de armazenamento escalável e eficiente para os conhecimentos adquiridos. Isto implica a seleção de tecnologias de armazenamento adequadas, tais como bases de dados relacionais, bases de dados NoSQL ou gráficos de conhecimentos, para tratar grandes volumes de dados, garantindo simultaneamente um acesso rápido e fiável.
- Integração de conhecimentos: Desenvolvimento de métodos para integrar e fundir conhecimentos de múltiplas fontes e agentes dentro do sistema. Isto inclui a resolução de conflitos, inconsistências e redundâncias que podem surgir quando se combinam conhecimentos de diferentes agentes ou processos de extração.
- Utilização do conhecimento: Conceber mecanismos para utilizar eficazmente o conhecimento adquirido para a tomada de decisões, resolução de problemas e outras tarefas inteligentes realizadas pelo sistema multiagente. Isto pode implicar o desenvolvimento de algoritmos de raciocínio, modelos de aprendizagem automática ou outras técnicas inteligentes para extrair conhecimentos acionáveis da base de conhecimentos.
- Otimização do desempenho: Otimizar o desempenho da estrutura baseada no conhecimento para lidar com processos de extração da Web em tempo real ou quase real. Isto inclui a abordagem de questões como a atualização dos dados, o tempo de resposta, a escalabilidade e o consumo de recursos para garantir o funcionamento eficiente do sistema multiagente.
- Segurança e privacidade: Incorporação de medidas de segurança adequadas para proteger os conhecimentos sensíveis ou confidenciais armazenados na estrutura. Isto inclui encriptação, mecanismos de controlo de acesso e técnicas de preservação da privacidade para salvaguardar a integridade e a confidencialidade da base de conhecimentos.

De um modo geral, o objetivo é conceber uma estrutura baseada no conhecimento que responda a estes desafios e forneça uma base sólida para um sistema multiagente que funcione no contexto da prospeção na Web. A estrutura deve permitir uma aquisição, representação, armazenamento, integração, utilização e otimização do desempenho eficientes do conhecimento, garantindo simultaneamente a segurança e a privacidade da base de conhecimentos.

1.4 Questão de investigação

Esta tese parte da hipótese de que as técnicas não supervisionadas baseadas na aprendizagem profunda podem resultar num quadro baseado no conhecimento mais realista e eficiente. Desenvolvemos um quadro baseado no conhecimento para sistemas multiagentes na extração de dados da Web. As seguintes questões de investigação são colocadas e abordadas nesta tese com base no objetivo geral e nas dificuldades já mencionadas:

- RQ-I: Qual é o atual estado da arte das estruturas baseadas no conhecimento para sistemas multiagentes na exploração da Web?

- RQ-II: Como pode ser concebido e implementado um quadro baseado no conhecimento para melhorar o desempenho dos sistemas multiagentes em tarefas de extração da Web?
- RQ-III: Quais são os benefícios e as limitações da incorporação de uma estrutura baseada no conhecimento num sistema multiagente para extração de dados na Web e como podem ser resolvidos? Em suma, o principal objetivo desta tese é fornecer métodos não supervisionados para identificar o melhor quadro baseado no conhecimento para sistemas multiagentes na prospeção da Web, utilizando métodos supervisionados. O objetivo básico da investigação é subdividido nos quatro objectivos de investigação seguintes:
- RQ-IV: Fazer um levantamento da literatura existente e identificar o estado atual da arte em estruturas baseadas no conhecimento para sistemas multi-agentes na exploração da Web.
- RQ-V: Conceber e implementar uma estrutura baseada no conhecimento que se integre num sistema multi-agente para tarefas de extração de informação na Web.
- RQ-VI: Avaliar o desempenho do quadro baseado no conhecimento proposto e compará-lo com as abordagens existentes.
- RQ-VII: Identificar os benefícios e as limitações da incorporação de uma estrutura baseada no conhecimento num sistema multiagente para a extração de dados na Web e apresentar sugestões para melhorias futuras.
- RQ-VIII: Fornecer informações e recomendações para a utilização de estruturas baseadas no conhecimento em sistemas multiagentes para tarefas de extração da Web.

1.5 Lacuna de investigação

A lacuna de investigação para a análise e conceção de um quadro baseado no conhecimento para um sistema multiagente na prospeção da Web pode ser identificada considerando a literatura existente e identificando as áreas que não foram adequadamente abordadas ou que requerem uma investigação mais aprofundada. Eis algumas potenciais lacunas de investigação para este tópico:

Escalabilidade e desempenho: Uma potencial lacuna de investigação poderá ser o desenvolvimento de um quadro baseado no conhecimento que possa tratar eficazmente tarefas de extração da Web em grande escala em sistemas multiagentes. As abordagens existentes podem não responder adequadamente aos desafios relacionados com a escalabilidade e o desempenho, especialmente quando se trata de grandes volumes de dados ou de sítios Web de elevado tráfego. A investigação de algoritmos eficientes, estruturas de dados e técnicas de computação distribuída podem ser áreas a explorar.

Base de conhecimentos adaptável e dinâmica: Outra lacuna de investigação poderia ser a conceção de um quadro baseado no conhecimento que seja capaz de se adaptar às mudanças dinâmicas no ambiente Web. A prospeção na Web implica lidar com páginas Web em constante mudança, com a evolução das preferências dos utilizadores e com as tendências emergentes. O desenvolvimento de técnicas para atualizar e organizar dinamicamente a base de conhecimentos de modo a refletir estas alterações em tempo real poderia ser uma via interessante de investigação.

Fusão e integração de conhecimentos: A prospeção na Web envolve frequentemente a extração de informações de diversas fontes, como páginas Web, redes sociais e fóruns em linha. Pode existir uma lacuna de investigação no desenvolvimento de métodos para integrar e fundir eficazmente conhecimentos de diferentes fontes numa base de conhecimentos coerente e abrangente. Poderão ser exploradas técnicas de fusão de dados, resolução de conflitos e tratamento de incertezas no contexto da extração de dados na Web.

Colaboração e coordenação de agentes: Os sistemas multiagentes envolvem múltiplos agentes autónomos que trabalham em conjunto para atingir um objetivo comum. No entanto, os quadros baseados no conhecimento existentes podem não abordar adequadamente os desafios relacionados com a colaboração e coordenação dos agentes no contexto da extração de dados na Web. A investigação de abordagens para facilitar a comunicação, a cooperação e a coordenação eficazes entre agentes para a partilha de conhecimentos e a tomada de decisões pode ser uma potencial lacuna de investigação.

Privacidade e segurança: A prospeção na Web envolve a recolha e análise de dados de várias fontes, o que suscita preocupações em matéria de privacidade e segurança. O desenvolvimento de um quadro baseado no conhecimento que garanta a proteção da privacidade, a anonimização dos dados e o armazenamento e recuperação seguros dos dados pode ser uma lacuna de investigação nesta área. Pode valer a pena investigar técnicas como a privacidade diferencial, a computação multipartidária segura e os métodos de encriptação no contexto da prospeção na Web. Estas são apenas algumas das potenciais lacunas de investigação na análise e conceção de um quadro baseado no conhecimento para um sistema multiagente na extração de dados na Web. Os investigadores podem explorar estas áreas e investigar mais aprofundadamente os desafios e oportunidades específicos de cada uma destas lacunas para darem contributos significativos para este domínio.

1.6 Objectivos

Os objectivos deste trabalho de investigação são os seguintes

- Análise das ferramentas de extração da Web.
- Conceção de um quadro dinâmico e adaptativo para sistemas multiagentes.
- Desenvolvimento de uma metodologia para determinar as necessidades baseadas no conhecimento.
- Desenvolvimento de um Sistema de Recuperação de Informação Multi-agente.
- Implementação e validação do quadro.

1.7 Metodologia de investigação

Metodologia utilizada para o Desenvolvimento de uma Estrutura Baseada em Conhecimento para Sistemas Multi-Agentes em Web Mining.

- Identificar as tarefas de extração da Web: O primeiro passo para desenvolver um quadro baseado no conhecimento é identificar as tarefas de extração de dados na Web para as quais o quadro pode ser utilizado. Isto pode incluir tarefas como a extração de dados, a recuperação de informações e a classificação de dados.
- Definir os conhecimentos necessários: Com base na tarefa de extração da Web, o passo seguinte consiste em definir os conhecimentos necessários para realizar a tarefa. Isto pode incluir conhecimentos sobre os dados que estão a ser extraídos, as relações entre conceitos e as condições em que determinadas acções devem ser tomadas.
- Escolher o quadro adequado: Com base no conhecimento necessário, o próximo passo é escolher o quadro baseado no conhecimento adequado. Este pode incluir um quadro baseado em ontologias, em regras, em casos ou híbrido.
- Desenvolver a base de conhecimentos: Uma vez escolhido o quadro, o passo seguinte é desenvolver a base de conhecimentos. Isto pode envolver a criação de ontologias, a definição de regras, casos de armazenamento ou uma combinação destes, consoante o quadro escolhido.
- Integrar com o sistema multiagente: O quadro baseado no conhecimento deve ser integrado no sistema multiagente para garantir que os agentes possam aceder e utilizar o conhecimento. Isto pode implicar a criação de interfaces para aceder à base de conhecimentos e a definição de protocolos para a comunicação entre os agentes e a base de conhecimentos.
- Avaliar o quadro: A etapa final consiste em avaliar o quadro da base de conhecimentos para garantir que é eficaz e eficiente na realização da tarefa de extração da Web. Isto pode implicar a realização de experiências para avaliar a exatidão e a eficiência do quadro e fazer as modificações necessárias.

O desenvolvimento de um quadro baseado no conhecimento para um sistema multi-agente na extração de dados da Web é um processo complexo que exige uma análise cuidadosa da tarefa de extração de dados da Web, do conhecimento necessário e do quadro adequado a utilizar. A metodologia descrita neste relatório fornece uma abordagem estruturada para o desenvolvimento de um quadro baseado no conhecimento, desde a identificação da tarefa de extração da Web até à avaliação da eficácia do quadro. O sucesso de um quadro baseado em conhecimentos na extração de dados na Web depende da qualidade e da precisão da base de conhecimentos e da eficácia da integração com o sistema multiagente.

Em todos os domínios de investigação, quer sejam empíricos ou fundamentais, existem várias técnicas de investigação. Devido ao momento específico geral, às configurações, à atmosfera e ao local em que será realizado, cada estudo de investigação será distinto em determinados aspectos. A introdução e o desenvolvimento de novas ideias para instilar novas partilhas de informação requerem normalmente a utilização de uma ferramenta eficaz de exploração e investigação a níveis racionais e razoáveis maciços, que, quando combinados de forma organizada e eficiente, podem resultar no desenvolvimento ou talvez na descoberta de tecnologias novas e emergentes com um nível mais elevado de viabilidade, oferecendo uma nova perspetiva sobre as fontes de dados de conhecimento existentes em todos os domínios. Quando um estudo de investigação significativo é associado a resultados de investigações, pode ser utilizado para resolver determinados problemas actuais e abordar questões que resultam de muitas ideias concorrentes. Isto também contribui para o restabelecimento de crenças racionais e oferece informação pertinente para confirmar descobertas anteriores, bem como para fornecer provas conclusivas para potenciar hipóteses existentes ou estabelecer pensamentos inovadores. O trabalho de investigação pode ser efectuado para melhorar ou alargar iniciativas anteriores, oferecendo-lhes uma abordagem diferente e um maior leque de utilidade. A investigação pode ser utilizada para recriar componentes de trabalhos anteriores ou para recriar o projeto completo em grande escala, a fim de verificar a validade das ferramentas e técnicas utilizadas em projectos anteriores. Os principais objectivos da investigação essencial são desenvolver novos conceitos e procedimentos, descrever e avaliar modelos existentes ou melhorar a compreensão humana dos processos e a organização dos dados existentes. Enquanto os trabalhos de criação artística são realizados com a intenção de realizar investigação e também de se estabelecerem como uma unidade de investigação, a investigação artística é estabelecida. Uma vez que os artistas tentam procurar princípios absolutos com precisão e ampla compreensão, as actividades de investigação artística são frequentemente comparadas à metodologia de investigação exclusivamente científica.

Para conduzir a investigação com êxito e sequenciar as etapas intrínsecas ao procedimento, é necessário um conhecimento especializado da técnica de investigação. As fases da investigação científica e tecnológica oferecem uma base altamente diversificada para a realização de novas investigações, integrando técnicas de investigação, enfatizando dados factuais vitais e alargando o seu resultado a uma vasta gama através da utilização de um quadro concebido para a implementação, avaliação e resultados. As etapas importantes da metodologia de investigação (Gonzalez-Briones et al., 2018) para realizar uma investigação de boa qualidade numa determinada área são descritas na figura 1.1. As fases da metodologia de investigação apresentadas na figura 1.1 incluem a identificação do problema de investigação, a revisão da literatura, a determinação dos objectivos da investigação, a formulação de questões e objectivos de investigação e a recolha de dados,

examinar e tratar os dados e apresentar a avaliação da investigação. Todas estas fases são designadas por fases da metodologia de investigação.

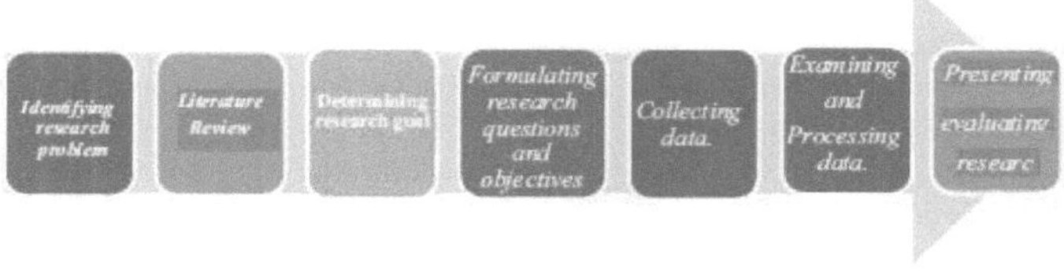

Figura 1.1: Fases da metodologia de investigação

- Identificação do problema de investigação: inclui a determinação da extensão e do domínio da investigação que deve ser efectuada.

- Revisão da literatura: facilita a criação de uma revista de investigação com o objetivo de avaliar a técnica de investigação.
- Determinar o objetivo da investigação: reconhecer e enunciar claramente os conceitos centrais da investigação.
- Formulação de questões e objectivos de investigação: identificação de objectivos e perspectivas específicos de investigação que devem ser acordados.
- Recolha de dados: recolha e compilação de informações.
- Examinar e tratar os dados: utilizar o trabalho de investigação e as informações agregadas, tirando conclusões corretas.
- Apresentar e avaliar a investigação: fornecer um resumo exaustivo do trabalho de investigação efectuado.
- A metodologia de investigação acima referida é, de facto, uma componente de um estudo proposto. Trata-se de um plano de investigação que descreve a nossa abordagem.

1.8 Âmbito de aplicação

A análise e a conceção de um quadro baseado no conhecimento para um sistema multiagente na extração de dados na Web pode proporcionar vários benefícios e oportunidades, mas também tem certas possibilidades e limitações. Eis alguns aspectos potenciais a considerar:

Quadro baseado no conhecimento: A tónica é colocada no desenvolvimento de um quadro que utilize técnicas baseadas no conhecimento para a extração de dados da Web num sistema multiagente. Isto envolve o aproveitamento das capacidades de representação do conhecimento, raciocínio e tomada de decisões para extrair informações valiosas dos dados da Web.

Sistema multiagente: O quadro visa uma arquitetura de sistema que consiste em múltiplos agentes autónomos que trabalham em colaboração para atingir objectivos específicos na exploração da Web. Estes agentes podem ter diferentes funções, responsabilidades e conhecimentos especializados e interagem entre si para trocar informações e coordenar as suas acções (Demazeau et al., 2020).

Extração de dados da Web: O quadro foi concebido para abordar vários aspectos da extração de dados da Web, incluindo a recolha de dados, a extração de informações, a descoberta de conhecimentos e a análise de conteúdos da Web. O seu objetivo é automatizar estes processos e torná-los mais eficientes e eficazes, utilizando agentes inteligentes e técnicas baseadas no conhecimento.

Escalabilidade: O desenvolvimento de um quadro baseado no conhecimento para um sistema multiagente na extração de dados da Web pode enfrentar desafios de escalabilidade. medida que a quantidade de dados da Web aumenta, o sistema precisa de lidar com conjuntos de dados maiores e garantir um processamento e armazenamento eficientes da informação. A gestão das questões de escalabilidade pode ser complexa e pode exigir uma conceção e otimização cuidadosas.

Complexidade computacional: As técnicas baseadas no conhecimento envolvem frequentemente algoritmos sofisticados para a representação do conhecimento, o raciocínio e a tomada de decisões. Estes algoritmos podem ser computacionalmente dispendiosos, especialmente quando se trata de dados Web em grande escala. O equilíbrio entre a complexidade computacional e o desempenho desejado e as restrições de recursos é uma consideração crucial.

Aquisição e representação de conhecimentos: A construção de uma base de conhecimentos exige a aquisição e a representação de conhecimentos específicos do domínio. Este processo pode ser moroso e pode exigir a participação de peritos. Além disso, representar estruturas de conhecimento complexas e manter a consistência e coerência dentro da base de conhecimentos pode ser um desafio.

Dependência do domínio: A análise e a conceção de um quadro baseado no conhecimento para um sistema multiagente na extração de dados na Web exigem normalmente conhecimentos especializados no domínio. A eficácia do quadro pode variar consoante o domínio específico ou a área de aplicação. A adaptação do quadro a diferentes domínios ou a sua generalização para tratar diversos tipos de dados da Web pode ser exigente.

Qualidade e fiabilidade dos dados: Os dados da Web são frequentemente ruidosos, não estruturados e de qualidade variável. O quadro deve lidar eficazmente com estes desafios, incluindo a resolução de inconsistências nos dados, o tratamento de informações em falta ou incompletas e a garantia da fiabilidade dos conhecimentos extraídos. Pode exigir técnicas robustas de pré-processamento, limpeza e validação de dados.

Considerações éticas e jurídicas: A prospeção na Web suscita preocupações éticas e jurídicas relacionadas com a privacidade, a utilização de dados e os direitos de propriedade intelectual. A conceção do quadro deve ter em conta estas considerações, como a adesão a regulamentos sobre privacidade, a obtenção das autorizações necessárias para a recolha de dados e a garantia de uma utilização responsável e ética dos conhecimentos extraídos. É importante notar que o âmbito acima mencionado pode variar consoante a implementação específica, as escolhas tecnológicas e o estado evolutivo do domínio. A realização de uma análise exaustiva e a consideração destes factores durante a fase de conceção podem ajudar a enfrentar os potenciais desafios e garantir o desenvolvimento bem sucedido de um quadro baseado no conhecimento para um sistema multiagente na extração de dados na Web.

1.9 Conceitos básicos

Esta secção aborda os conceitos básicos de dados e informação, informação e conhecimento e sistema de recuperação de informação

1.9.1 Dados e informações

Os dados referem-se à coleção de informações brutas e aleatórias sobre uma situação, um acontecimento, um conceito ou outro objeto. Quando os factos sobre um determinado evento ou questão são processados para os tornar mais precisos, tornam-se informação. Os dados incluem texto simples e números, ao passo que as informações são dados que foram processados e analisados. Os dados não organizados consistem em factos e números obtidos aleatoriamente, que são depois processados para se fazerem inferências. Por outro lado, quando os dados são organizados, transformam-se em informação, melhorando a sua apresentação e dando-lhe significado. Os dados baseiam-se em observações e registos feitos por humanos ou mantidos em computadores. Por outro lado, a informação é considerada mais fiável do que os dados, uma vez que foi objeto de um estudo cuidadoso por parte do investigador ou do investigador. Enquanto o investigador pode ou não encontrar valor nos dados quando inicialmente obtidos, uma vez que pode não conhecer a sua finalidade ou representação, a informação é valiosa e benéfica para o investigador porque é apresentada no contexto adequado e é facilmente acessível. Em termos mais simples, as informações são dados processados, enquanto os dados são informações não organizadas. Estes dois termos são frequentemente contrastados devido à sua estreita relação. Os dados, em termos técnicos, são definidos como inputs utilizados para produzir outputs, que são informações. A informação, por sua vez, pode ser derivada de factos e descrições, também designados por dados. Até e a menos que os dados sejam explicados e interpretados, continuam a ser uma mera coleção de palavras, números e símbolos sem um significado claro. No entanto, uma vez interpretados, tornam-se informações significativas que podem ser compreendidas pelos consumidores com um esforço razoável (Barfourosh et al., 2002).

1.9.2 Informação e conhecimento

O termo "informação" refere-se a material bem organizado sobre uma pessoa ou um objeto que foi recolhido de várias fontes, incluindo debates, Internet, televisão e jornais. Por outro lado, o conhecimento é definido como a consciencialização ou compreensão de um tópico adquirido através da educação ou da experiência. A informação é simplesmente um processamento de dados que ajuda a compreender o seu significado, enquanto o conhecimento é a informação exacta que apoia a tomada de decisões. A informação é produzida pela reunião de dados num contexto significativo. Em contrapartida, o conhecimento é gerado quando a informação é combinada com a experiência e a intuição. O processamento melhora a representação da informação, tornando mais fácil a sua interpretação. Por outro lado, o processamento aumenta a consciencialização, o que melhora o conhecimento do assunto. A informação facilita a compreensão de factos e números, enquanto o conhecimento resulta numa compreensão mais profunda do assunto. A informação pode ser facilmente transmitida através de vários canais, tais como sinais vocais ou não verbais. No entanto, a transferência de conhecimentos pode ser mais difícil, uma vez que o destinatário tem de os aprender e adquirir através da experiência pessoal. A informação pode ser reproduzida de forma económica. Em contrapartida, uma vez que o conhecimento se baseia em valores individuais, percepções e outros factores, não pode ser reproduzido exatamente. As generalizações ou previsões sobre alguém ou alguma coisa não podem ser feitas apenas com base na informação disponível. No entanto, o conhecimento tem a capacidade de prever ou tirar conclusões. Embora nem toda a informação seja conhecimento, todo o conhecimento tem origem na informação. O conhecimento representa a compreensão estruturada construída a partir da informação, que serve de bloco de construção. O processamento de dados leva à informação, que, quando processada ou modificada, fornece conhecimento (El Haji et al., 2014).

1.9.3 Sistema de recuperação de informação

No passado, a informação era acessível principalmente através de revistas ou relatórios de empresas. No entanto, com o rápido crescimento da World Wide Web (WWW), uma quantidade crescente de informação pode agora ser encontrada em linha. Várias ferramentas para ajudar no acesso à informação e na sua descoberta na Internet surgiram a um ritmo espantoso. Embora alguns destes desenvolvimentos signifiquem um verdadeiro progresso, há também muitas afirmações exageradas relativamente às suas capacidades (Hadeel, 2009). O principal objetivo da recuperação de informação é
identificar todos os documentos relevantes para a consulta de um utilizador dentro de uma coleção de documentos. Ao longo dos anos, a investigação significativa no domínio da recuperação de informação conduziu ao desenvolvimento e aperfeiçoamento de técnicas predominantemente baseadas em palavras individuais (Monika, 2000). Um sistema de recuperação de informação (SRI) é um programa informático concebido para armazenar e gerir informações sobre documentos, frequentemente documentos textuais, mas que também podem incluir conteúdos multimédia. O principal objetivo de um SRI é ajudar os utilizadores a localizarem a informação de que necessitam. Em vez de fornecer explicitamente informações ou responder a perguntas, o sistema informa os utilizadores sobre a existência e a localização de documentos que possam conter as informações desejadas. O IRS é composto por três componentes principais: a consulta, a regra de correspondência e o repositório de informações, como mostra a figura abaixo (Djoerd, 2009).
No domínio do acesso à Web, da informática e dos sistemas de recuperação de informação (IRS), existem várias definições para a tecnologia de recuperação de informação (IR): A tecnologia de RI é utilizada para facilitar pesquisas específicas, tais como encontrar informações relacionadas com as áreas de interesse dos utilizadores. Além disso, a RI inclui o apoio aos utilizadores na pesquisa ou filtragem de informações. No contexto da pesquisa na Web, um IRS deve atender a milhares de milhões de aplicações Web armazenadas em milhões de computadores que representam a www. O objetivo final do IRS é fornecer aos utilizadores a informação que satisfaz as suas necessidades específicas de informação (Lancaster e Warner, 1993). A tecnologia de IRS tem desempenhado um papel central no sucesso da Web. Os sistemas de indexação e pesquisa baseados na Web, exemplificados pelo Google e pelo Yahoo, transformaram profundamente a forma como acedemos à informação. medida que as tecnologias da Web semântica continuam a evoluir, a sua compatibilidade com os actuais motores de pesquisa da Web e com a tecnologia de recuperação da informação em geral torna-se crucial (Tim Finin et al., 2005).

1.10 Estrutura do sistema de recuperação de informação

A estrutura do sistema de recuperação de informação é apresentada na figura 1.2. Existem vários componentes do sistema de recuperação de informação, nomeadamente: consulta, regra de correspondência, armazenamento da informação e resultados da recuperação.

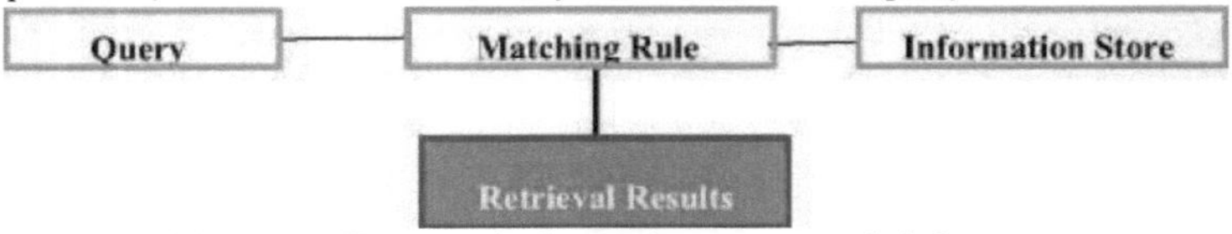

Figura 1.2: Estrutura do sistema de recuperação de informação

Query in IRS depende da classificação automática das consultas Web no SE, a classificação tópica das consultas dos utilizadores permite aumentar a eficácia, a eficiência e o potencial de rendimento dos sistemas de pesquisa Web de uso geral. Essa classificação torna-se crítica se o sistema tiver de devolver resultados não só de uma coleção geral da Web, mas também de bases de dados back-end específicas. A classificação bem sucedida das consultas constitui um problema difícil, uma vez que as consultas na Web são muito curtas, fornecendo normalmente poucas caraterísticas. Esta escassez de caraterísticas, associada à natureza dinâmica do fluxo de consultas e ao vocabulário em constante mudança do utilizador médio, dificulta os métodos tradicionais de classificação de textos (Michael K. et al. 1994). Compreender o sentido tópico das consultas dos utilizadores é um problema que está no cerne da pesquisa na Web. O mapeamento bem sucedido das consultas gerais de entrada do utilizador em categorias temáticas, particularmente aquelas para as quais o motor de pesquisa tem conhecimentos específicos do domínio, pode trazer melhorias tanto na eficiência como na eficácia da pesquisa geral na Web. Grande parte do potencial para estas melhorias existe porque muitos dos motores de pesquisa actuais, tanto para a Web como para as empresas, incorporam frequentemente a utilização de bases de dados backend específicas do tópico ao efetuar uma pesquisa geral na Web. Em geral, existem três tipos de aplicações de RI baseadas em consultas (Yogendra & Sandeep, 2011):

Recomendação de consultas: Estas aplicações centram-se na reformulação da consulta original, identificando relações entre a consulta original e consultas alternativas, tais como relações de generalização/especialização.

Recomendação de documentos: Estas aplicações identificam documentos relevantes para a consulta original.

Classificação de consultas: Estas aplicações identificam consultas e documentos relevantes para cada nó do diretório, enriquecendo as suas descrições.

O Matching Rule é um algoritmo de correspondência entre a base de regras e a informação na World Wide Web (WWW). Foram concebidos vários modelos de recuperação para abstrair os processos subjacentes aos sistemas de recuperação de informação (Yogendra & Sandeep, 2011).

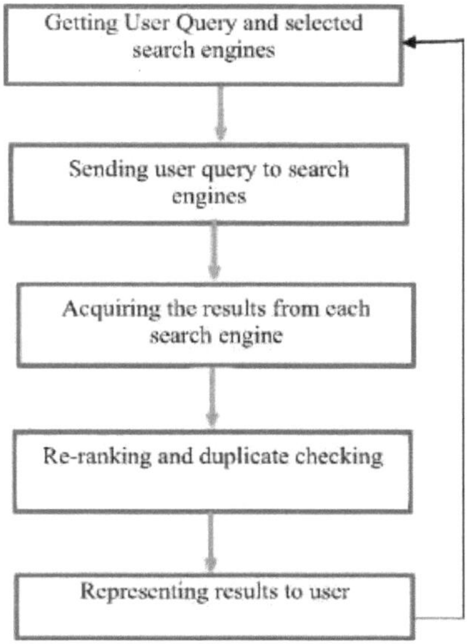

Figura 1.3: Fluxo de trabalho da recuperação de informação a partir da World Wide Web

Os modelos de correspondência exacta envolvem consultas formais que especificam critérios precisos para os documentos recuperados. Em contraste, os modelos de melhor correspondência devolvem uma lista ordenada de documentos que correspondem à consulta, transmitindo documentos adequados. Os modelos de correspondência exacta, como o modelo booleano, em que as consultas são formuladas como expressões lógicas, são mais populares nos sistemas de pesquisa jurídica e científica do que nos motores de pesquisa da Web (Clive, 2006). O procedimento de recuperação de informação a partir da World Wide Web está ilustrado na figura 1.3, que inclui a obtenção da consulta do utilizador e dos motores de pesquisa selecionados, o envio da consulta do utilizador para os motores de pesquisa, a obtenção dos resultados de cada motor de pesquisa, a reordenação e a verificação de duplicados e a apresentação dos resultados ao utilizador.

1.10.1 Recuperação de informação para a World Wide Web

Quando procuram informações em linha, os utilizadores têm muitas vezes dificuldade em encontrar o que pretendem porque as palavras-chave que utilizam nas suas consultas de pesquisa podem ser diferentes das palavras-chave utilizadas nas informações relevantes. Consequentemente, o pesquisador investe uma quantidade significativa de tempo a ler a informação recuperada para determinar se esta contém a informação desejada (William et al., 2000). O motor de pesquisa funciona com base num algoritmo para satisfazer os pedidos dos utilizadores, e este algoritmo pode ser comparado à investigação atómica, uma caixa negra que permanece opaca do exterior. Por conseguinte, os investigadores só podem formular teorias e regras sobre um algoritmo específico testando o seu comportamento. Este facto sublinha a importância de compreender os diferentes operadores dos motores de pesquisa (Rules for World Wide Web Information Retrieval) e o seu funcionamento.

Para aumentar a precisão da pesquisa, o avanço das capacidades de pesquisa inclui a utilização de operadores de pesquisa. Se os utilizadores não encontrarem o que procuram mesmo depois de utilizarem dicas de pesquisa básicas, podem tentar utilizar operadores de pesquisa. Ao adicionar símbolos específicos (operadores booleanos) aos seus termos de pesquisa diretamente na caixa de texto de pesquisa da interface do motor de pesquisa, os utilizadores ganham mais controlo sobre os resultados que aparecem no seu navegador Web (Eileen, 2004).

1.11 Sistemas baseados no conhecimento para a recuperação de informação: Avanços e Abordagens

No domínio da recuperação de informação (RI), Hsinchun (1995) discutiu os sistemas baseados no conhecimento (SBC) e o seu papel na criação de sistemas de recuperação inteligentes (SRI). A tentativa de criar sistemas informáticos dotados de conhecimento e inteligência é, desde há muito, um objetivo central dos investigadores no domínio da Inteligência Artificial (IA). Ao longo das últimas décadas, foram desenvolvidos numerosos SBC intrigantes para responder a diversas aplicações, como o diagnóstico médico, a resolução de problemas de engenharia e a tomada de decisões empresariais. No entanto, um obstáculo significativo no desenvolvimento de SBC tem sido a dependência de processos manuais de aquisição de conhecimentos.

Para ultrapassar esta limitação, surgiu uma abordagem mais recente à obtenção de conhecimentos, conhecida como extração de conhecimentos ou descoberta de conhecimentos. Esta técnica utiliza vários métodos de aprendizagem automática baseados em IA para adquirir automaticamente conhecimentos e identificar padrões diretamente a partir de exemplos ou bases de dados. Oferece uma forma mais simplificada e eficiente de construir SBC. O domínio da investigação em IR tem registado rápidos avanços nas últimas décadas. Os investigadores exploraram uma vasta gama de técnicas, incluindo modelos probabilísticos, o modelo de espaço vetorial e abordagens baseadas no conhecimento. Além disso, adoptaram técnicas de aprendizagem automática de ponta. Estes avanços proporcionaram conhecimentos significativos para a conceção de sistemas de IRS mais inteligentes e úteis (Minervini et al., 2020).

1.11.1 Representação do conhecimento

No contexto da conceção de um sistema baseado no conhecimento, a seleção de formas adequadas para representar a base de conhecimentos e influenciar o motor de inferência e a interface do utilizador é crucial. São consideradas várias formas habitualmente utilizadas pelos seres humanos para a representação do conhecimento, como a baseada em regras, a baseada em quadros, a baseada em redes semânticas, a baseada em casos e a baseada em modelos. Na subsecção seguinte, são apresentadas descrições concisas destas formas para ajudar na conceção de sistemas baseados no conhecimento (Natasha, 2012). O problema da representação do conhecimento pode ser observado em quatro níveis distintos (Dagobert, 1989):

A abordagem geral da representação do conhecimento engloba a metodologia global e os princípios que orientam a forma como o conhecimento é estruturado e capturado no sistema. O esquema concetual define a natureza dos dados na base de dados, especificando os tipos de entidades e os tipos de relações, delineando a estrutura fundamental da representação do conhecimento. As listas de valores de entidades para cada tipo de entidade implicam as instâncias ou exemplos específicos que se enquadram em cada tipo de entidade definido no esquema concetual. Os dados e conhecimentos efectivos, que se referem às informações concretas e aos conhecimentos especializados armazenados na base de conhecimentos, que são utilizados pelo sistema baseado no conhecimento para a tomada de decisões e a resolução de problemas (Hadzibeganovic & Xia, 2016).

1.12 Contribuição para a investigação

No decurso desta tese, fizemos quatro contribuições principais

Contribuição 1

A nossa primeira contribuição é uma análise da enorme disponibilidade não supervisionada de dados relevantes/irrelevantes na Internet; o principal problema é aceder a informação fiável num tempo mínimo. Por este motivo, concebemos esta estrutura baseada no conhecimento depois de estudarmos diferentes trabalhos de investigação sobre a estrutura baseada no conhecimento de plataformas heterogéneas.

Contribuição 2

Na nossa segunda contribuição, a estrutura MAKB baseada no conhecimento multiagente é ajustável às alterações ambientais. Aqui criamos uma abordagem ou processo para identificar os requisitos, limitações e conteúdos da base de conhecimentos para um ambiente de desenvolvimento de sistemas multiagentes, a fim de resolver o desafio.

Contribuição 3

Como terceiro aspeto da nossa contribuição, sempre que visitamos uma página Web, podemos aceder a informações adicionais clicando em várias hiperligações presentes nessa página. Se encontrarmos respostas relevantes às nossas perguntas através deste processo, armazenamos essas respostas na nossa base de conhecimentos. Posteriormente, o agente concebe os seus métodos com base nas informações que recebeu e armazenou.

Contribuição 4

Como quarta contribuição, incorporamos diversos conjuntos de dados e empregamos potencialmente vários mapeamentos para governar o comportamento do agente. Para avaliar a técnica/metodologia, criámos uma base de conhecimento multi-agente e submetemo-la a uma avaliação rigorosa. Os resultados revelam que, utilizando o algoritmo k-means, conseguimos melhorias notáveis em relação à estratégia convencional de agrupamento de segmentos para diferentes ambientes.

1.13 Organização da tese

Esta tese está organizada em sete capítulos. De seguida, apresenta-se uma breve descrição de cada capítulo, bem como os seus principais contributos.

Chapter 1: Introdução

O Capítulo 1 apresenta uma introdução ao estudo, incluindo os antecedentes, a definição do problema, os objectivos, o âmbito e as limitações. Este capítulo centra-se na resposta à pergunta de investigação RQ-1.

Chapter 2: Antecedentes e pesquisa bibliográfica

O Capítulo 2 apresenta uma revisão da literatura sobre sistemas multiagentes, sistemas baseados no conhecimento e a forma como podem ser integrados.

Chapter 3: Metodologia

O Capítulo 3 define a conceção da investigação, a análise dos requisitos e outras etapas: conceção dos nossos métodos, avaliação desses métodos e comparação de métodos. São também apresentados os pormenores da configuração experimental e as estatísticas do conjunto de dados.

Chapter 4: Análise do quadro baseado no conhecimento

O Capítulo 4 apresenta uma abordagem de arquitetura de sistema baseada no conhecimento, assente na combinação dos respectivos algoritmos. Este capítulo centra-se especificamente na RQ-2, RQ-3 e RQ-4.

Chapter 5: Conceção de um quadro baseado no conhecimento

O Capítulo 5 apresenta um modelo para validar a nossa estrutura e também compará-la com outras estruturas. Este capítulo centra-se na RQ-2, RQ-3 e RQ-5.

Chapter 6: Avaliação e validação

Finalmente, criámos um modelo de conjunto no Capítulo 6 que combina modelos que utilizam o Sistema Multiagente (MAS) e o Sistema Baseado no Conhecimento (SBC). Utilizamos uma nova abordagem para atribuir pesos aos vários modelos utilizados na nossa estrutura de conjunto. Este capítulo centra-se na RQ-6, RQ-7 e RQ-8.

Chapter 7: Conclusão e trabalho futuro

Este capítulo apresenta os principais resultados do estudo, bem como outras conclusões. São respondidas, uma a uma, as questões de investigação formuladas no primeiro capítulo. A importância do estudo é explicada em pormenor. São também mencionados os planos para continuar a investigação no futuro.

1.14 Resumo

O objetivo é criar uma estrutura robusta e eficiente para um sistema multi-agente no contexto da prospeção da Web. Esta tese tem como objetivo capturar, armazenar e utilizar eficazmente o conhecimento extraído dos processos de extração da Web para melhorar o desempenho do sistema.

Neste capítulo, discutimos os Desafios, as Declarações de Problemas, as Questões de Investigação, as Lacunas de Investigação, os Objectivos, a Metodologia de Investigação, o Âmbito e os Conceitos Básicos.

2.1 Introdução aos Sistemas Multi-Agentes

2.1.1 Sistemas Multi-Agentes

No mundo complexo e interligado de hoje, muitos problemas do mundo real não podem ser resolvidos de forma eficaz por um único agente a atuar sozinho. Os sistemas multiagentes (MAS) surgiram como um paradigma poderoso para modelizar e resolver esses problemas. Um sistema multiagente é constituído por um grupo de agentes autónomos que interagem entre si e com o seu ambiente para atingir os seus objectivos individuais e, potencialmente, os objectivos colectivos do sistema (Vistbakka & Troubitsyna, 2021).

Os agentes num sistema multiagente podem ser entidades de software, robôs físicos ou mesmo seres humanos. São capazes de percecionar o ambiente, raciocinar, tomar decisões e realizar acções com base nos seus objectivos e na informação de que dispõem. A principal caraterística dos sistemas multiagentes é a capacidade de os agentes comunicarem, cooperarem e coordenarem-se entre si para atingirem objectivos comuns ou resolverem conflitos. Neste estudo, examinamos as metodologias actuais conhecidas como extração de dados de texto e comparamo-las com o conceito emergente de extração de conhecimentos de texto. A nossa análise revela que estas duas abordagens são distintas mas complementares. Apresentam diferenças na sua capacidade de extrair diversos fragmentos de conhecimento de dados textuais através da utilização de mecanismos de raciocínio distintos (Justicia De La Torre et al., 2018, Das & Kundu, 2018).

2.1.2 A necessidade de sistemas multi-agentes

Os sistemas multiagentes proporcionam uma abordagem flexível e escalável para a resolução de problemas em vários domínios. São particularmente adequados para domínios em que a complexidade do problema ou a escala do sistema torna o controlo centralizado impraticável ou inviável. Alguns domínios em que os sistemas multiagentes têm sido aplicados com êxito incluem:

- Sistemas de controlo distribuído: Em cenários como o controlo do tráfego, a gestão da rede eléctrica ou a coordenação de veículos aéreos não tripulados, uma abordagem de controlo centralizada pode ser demasiado complicada. Os sistemas multiagentes permitem o controlo descentralizado de entidades individuais, conduzindo a sistemas mais eficientes e adaptáveis.
- Atribuição de recursos: Os sistemas multiagentes podem afetar eficazmente recursos limitados entre vários agentes. Isto é aplicável em domínios como a logística dos transportes, a gestão da cadeia de abastecimento e a atribuição de tarefas em sistemas informáticos distribuídos.
- Simulações sociais: Os sistemas multiagente são utilizados para modelar e simular fenómenos sociais, como o comportamento de multidões, a dinâmica do mercado e a formação de opinião. Ao modelar agentes com caraterísticas e comportamentos diferentes, os investigadores podem obter informações sobre interações sociais complexas.
- Robótica: Os sistemas multiagentes desempenham um papel vital na robótica, onde equipas de robôs colaboram para realizar tarefas que estão para além das capacidades de um único robô. Os exemplos incluem missões de busca e salvamento, exploração de ambientes desconhecidos e tarefas de montagem em colaboração (Radhakrishnan et al., 2016).

2.1.3 Conceitos-chave em sistemas multiagentes

2.1.3.1 Arquitetura do agente

A arquitetura de um agente define a sua estrutura e componentes, incluindo a perceção, o raciocínio, a tomada de decisões e a execução de acções. As arquiteturas de agentes comuns incluem arquiteturas reativas, em que os agentes reagem diretamente a estímulos no ambiente, e arquiteturas deliberativas, em que os agentes utilizam modelos internos e planeamento para tomar decisões (Tariq et al., 2019).

No domínio das plataformas MAS, surgiram recentemente avanços dignos de nota. Em primeiro lugar, as plataformas de uso geral tradicionais e amplamente utilizadas sofreram uma evolução significativa. Além disso, foi introduzida uma multiplicidade de novas plataformas, centradas principalmente no desenvolvimento de MAS adaptadas a domínios de tendência específicos. Estes domínios abrangem áreas como a Internet das Coisas (IoT), a Inteligência Ambiental (AmI), os Sistemas Ciberfísicos (CPS) e as Simulações Baseadas em Agentes (ABS), que ganharam uma popularidade substancial nos últimos tempos (Palanca et al., 2020).

2.1.3.2 Comunicação entre agentes

A comunicação é crucial nos sistemas multiagentes, uma vez que permite aos agentes partilhar informações, negociar e coordenar as suas acções. São utilizadas linguagens de comunicação, protocolos e ontologias para facilitar a interação eficaz entre agentes (Gan et al., 2017).

2.1.3.3 Cooperação e coordenação

Os agentes de um sistema multiagente podem ter de cooperar e coordenar as suas acções para atingir objectivos comuns. A cooperação implica que os agentes trabalhem em conjunto para atingir objectivos comuns, enquanto a coordenação trata da resolução de conflitos e da garantia de uma interação harmoniosa entre os agentes. Além disso, a extração de intenções baseia-se na entrada de traços de atividade, que normalmente existem como ficheiros não estruturados devido à sua natureza distribuída por várias fontes (Hajer Bouricha et al. 2020).

2.1.3.4 Modelação e aprendizagem de agentes

Os agentes em sistemas multi-agentes podem ser concebidos com diferentes níveis de autonomia e inteligência. A modelação de agentes envolve a captação dos conhecimentos, crenças, objectivos e processos de tomada de decisão dos agentes. Os agentes podem também utilizar técnicas de aprendizagem para adaptar o seu comportamento com base na experiência ou aprender interactivamente com outros agentes (S. Y. Choi et.al 2021).

2.1.4 Desafios dos sistemas multiagentes

A conceção e o desenvolvimento de sistemas multiagentes eficazes apresentam vários desafios, nomeadamente

- Escalabilidade: À medida que o número de agentes num sistema aumenta, a gestão das suas interações e a garantia de uma coordenação eficiente tornam-se mais complexas.
- Comunicação: Os agentes devem ser capazes de comunicar efetivamente e compreender as mensagens uns dos outros, mesmo quando lidam com diferentes linguagens e protocolos de comunicação.
- Cooperação e confiança: Incentivar os agentes a cooperar e a criar confiança entre si é um desafio, especialmente em situações em que o interesse próprio pode levar a conflitos.
- Adaptabilidade: A adaptabilidade é uma caraterística fundamental dos sistemas multiagentes, permitindo que os agentes ajustem dinamicamente o seu comportamento e estratégias em resposta a alterações no seu ambiente ou nos objectivos que pretendem alcançar. A adaptabilidade dos sistemas multiagentes permite-lhes lidar eficazmente com cenários complexos e dinâmicos, em que os agentes podem ter de colaborar, negociar ou competir para atingir os seus objectivos individuais e colectivos.

Um dos aspectos da adaptabilidade nos sistemas multiagentes é a capacidade de os agentes aprenderem e melhorarem o seu desempenho ao longo do tempo. Através de mecanismos de aprendizagem como a aprendizagem por reforço, os algoritmos genéticos ou as técnicas de aprendizagem automática, os agentes podem adquirir conhecimentos a partir das suas interações e experiências e utilizá-los para adaptar os seus processos de tomada de decisões ou aperfeiçoar as suas estratégias.

Outro aspeto da adaptabilidade é a flexibilidade dos sistemas multiagentes para reconfigurar ou reorganizar a sua estrutura e interações. Os agentes podem formar ou dissolver coligações de forma dinâmica, ajustar as suas funções ou responsabilidades e adaptar os seus protocolos de comunicação e coordenação. Esta flexibilidade permite que os sistemas multiagentes respondam eficazmente às mudanças no ambiente ou nos requisitos do sistema, garantindo um funcionamento eficiente e robusto (Yogendra & Sandeep, 2011).

Além disso, a adaptabilidade em sistemas multiagentes também envolve a capacidade de lidar com incertezas e informações incompletas. Os agentes podem ter de raciocinar em condições de incerteza, tomar decisões com conhecimentos limitados ou atualizar dinamicamente as suas crenças com base em novas informações. Técnicas como o raciocínio Bayesiano, a lógica difusa ou as abordagens teóricas dos jogos podem ser utilizadas para lidar com a incerteza e apoiar a tomada de decisões adaptativas em sistemas multiagentes.

Em resumo, a adaptabilidade é uma caraterística crucial dos sistemas multiagentes, permitindo que os agentes aprendam, ajustem o seu comportamento, reconfigurem as suas interações e lidem com as incertezas. Esta adaptabilidade permite que os sistemas multiagentes lidem eficazmente com ambientes complexos e dinâmicos, tornando-os adequados para uma vasta gama de aplicações, como sistemas autónomos, otimização distribuída, transportes inteligentes e muitas outras (Limon et al., 2013).

2.1.5 Caraterísticas dos sistemas multiagentes

Esta tese fornece uma análise pormenorizada das caraterísticas dos sistemas multiagentes (MAS). Os SAM são compostos por agentes autónomos que interagem entre si e com o seu ambiente para atingir objectivos individuais e colectivos. Compreender as caraterísticas fundamentais dos MAS é crucial para conceber e analisar estes sistemas de forma eficaz. Esta tese explora as caraterísticas fundamentais da autonomia, interação, comunicação, comportamento emergente, heterogeneidade, escalabilidade, adaptabilidade e conhecimento distribuído. Discute o significado de cada caraterística e as suas implicações na conceção e no comportamento de sistemas multi-agentes.

Os sistemas multiagentes (MAS) têm merecido grande atenção devido à sua capacidade de resolver problemas complexos através do aproveitamento do comportamento coletivo de agentes autónomos. Os sistemas multiagentes (MAS) apresentam várias caraterísticas fundamentais que os distinguem dos sistemas de um único agente. A compreensão destas caraterísticas é fundamental para entender a natureza e o comportamento dos sistemas multiagentes. Seguem-se algumas caraterísticas importantes dos MAS:

Autonomia: A autonomia é uma caraterística fundamental dos MAS, pois permite que os agentes actuem de forma independente com base nos seus próprios objectivos e capacidades de decisão. Os agentes em MAS têm a capacidade de perceber o seu ambiente, raciocinar sobre ele e tomar medidas sem depender de um controlo central (Lan et al., 2021).

Interação: A interação é uma caraterística fundamental dos MAS, uma vez que os agentes destes sistemas interagem entre si e com o seu ambiente. Esta interação pode ser cooperativa ou competitiva, permitindo aos agentes partilhar informações, negociar, coordenar e influenciar as acções uns dos outros para atingir objectivos individuais ou colectivos.

Comunicação: A comunicação desempenha um papel vital na MAS, uma vez que os agentes precisam de trocar informações para colaborarem eficazmente. Esta caraterística permite que os agentes comuniquem através de vários meios, como mensagens diretas, estruturas de dados partilhadas ou protocolos explícitos e linguagens concebidas para a comunicação entre agentes.

Comportamento emergente: O comportamento emergente é uma caraterística intrigante dos MAS, referindo-se ao comportamento coletivo que surge das interações entre agentes autónomos. O comportamento global do sistema não é explicitamente programado ou controlado, mas emerge como resultado das interações entre os agentes. O comportamento emergente pode ser complexo, imprevisível e, por vezes, inesperado.

Heterogeneidade: A heterogeneidade é uma caraterística importante dos MAS, uma vez que os agentes nestes sistemas podem ter diferentes capacidades, conhecimentos, objectivos e comportamentos. A heterogeneidade permite que os agentes se especializem em diferentes tarefas, possuam conhecimentos únicos e contribuam com diversas perspectivas para a resolução de problemas, promovendo a colaboração e a complementaridade (He et al., 2009).

Escalabilidade: A escalabilidade é uma caraterística crucial dos MAS, permitindo a estes sistemas lidar com um grande número de agentes. medida que o número de agentes aumenta, o sistema deve continuar a funcionar de forma efectiva e eficiente. A escalabilidade é essencial nas aplicações do mundo real, em que os MAS podem envolver centenas ou milhares de agentes que interagem e coordenam as suas actividades.

Adaptabilidade: A adaptabilidade é uma caraterística fundamental dos MAS, uma vez que os agentes podem ajustar as suas estratégias, comportamentos e processos de tomada de decisão para responder a situações dinâmicas, incertezas e objectivos em evolução. A adaptabilidade permite que os MAS sejam robustos, flexíveis e capazes de lidar com circunstâncias imprevistas ou requisitos variáveis (Govindu & Chinnam, 2010.

Conhecimento distribuído: O conhecimento distribuído é uma caraterística dos MAS, onde o conhecimento é distribuído entre os agentes. Cada agente possui o seu próprio conhecimento local, adquirido através da perceção, comunicação e aprendizagem. O conhecimento distribuído permite que os agentes raciocinem e tomem decisões com base nas suas perspectivas e informações individuais, mas também coloca desafios na obtenção de uma compreensão coerente e exacta do estado global do sistema (S. Gupta et al., 2021).

2.1.6 Aplicações dos sistemas multiagentes

Existem diversas aplicações de sistemas multiagentes (MAS) em vários domínios, constituídos por agentes autónomos que interagem e colaboram, que provaram ser eficazes na resolução de problemas complexos que exigem coordenação, cooperação e tomada de decisões descentralizada. As aplicações dos MAS são em domínios como os transportes, as redes inteligentes, o comércio eletrónico, a robótica, as simulações sociais e a gestão de catástrofes. (Kouros et al., 2021) A MAS é utilizada para a coordenação de sinais de trânsito, otimização do fluxo de tráfego, sistemas de transporte inteligentes e coordenação de veículos autónomos. Os benefícios da MAS na melhoria da eficiência do tráfego, na redução do congestionamento e no reforço da segurança são úteis na gestão dos transportes e do tráfego. (Gembarski, 2020). A MAS também tem aplicações em redes inteligentes e sistemas de gestão da energia. A MAS pode facilitar a integração de recursos energéticos distribuídos, otimizar a produção e o consumo de energia, permitir a resposta à procura e aumentar a estabilidade da rede. As vantagens da MAS para melhorar a eficiência energética, permitir a integração das energias renováveis e apoiar a gestão da procura são úteis nas redes inteligentes.

Os MAS têm aplicações em plataformas de comércio eletrónico e leilões em linha. A MAS pode facilitar a negociação, a correspondência entre compradores e vendedores, a fixação dinâmica de preços e os sistemas de recomendação personalizados. Os benefícios da MAS na melhoria da eficiência do mercado, facilitando transacções justas e eficientes, e aumentando a satisfação do cliente são as suas principais aplicações (Jazayeri & Bass, 2020). Os MAS podem ser utilizados na robótica e na automação. Os MAS são utilizados na robótica colaborativa, na robótica de enxame, na coordenação de vários robôs e na atribuição de tarefas. As vantagens dos MAS para melhorar as capacidades das equipas de robôs, permitir a deteção e a exploração distribuídas e facilitar as tarefas de cooperação são muito úteis. Os MAS são também aplicados em simulações e modelação sociais. Os MAS podem ser utilizados para simular o comportamento de multidões, a dinâmica social, as interações de mercado e a formação de opinião. Os benefícios das MAS na obtenção de conhecimentos sobre fenómenos sociais complexos, na previsão de comportamentos e na análise de intervenções políticas são aplicáveis. As aplicações de MAS são utilizadas na gestão de catástrofes e nos sistemas de resposta a emergências. As MAS podem facilitar a coordenação entre equipas de resposta a emergências, a atribuição de recursos, a tomada de decisões e o conhecimento da situação. As vantagens da MAS são o reforço da preparação para catástrofes, a eficácia da resposta e a otimização dos recursos (Dragoni, 1992).

2.1.7 Técnicas de Web Mining

Na atual era digital, a World Wide Web tornou-se um vasto repositório de informações. As técnicas de extração de dados da Web permitem-nos extrair conhecimentos valiosos e ideias a partir desta vasta quantidade de dados da Web. Este capítulo apresenta uma panorâmica das técnicas de prospeção da Web, que englobam três categorias principais: prospeção de conteúdos da Web, prospeção da estrutura da Web e prospeção da utilização da Web (S. Tariq et al. 2019).

2.1.7.1 Extração de conteúdos da Web

A extração de conteúdos da Web é um ramo da extração de conteúdos da Web que se centra na extração de informações valiosas dos conteúdos presentes nas páginas Web. Envolve técnicas para analisar e compreender os dados textuais, imagens e elementos multimédia nas páginas Web. A extração de conteúdos da Web desempenha um papel crucial em várias aplicações, como a recuperação de informações, a classificação de textos, a análise de sentimentos e os sistemas de recomendação. Nesta secção, exploraremos as principais técnicas e processos envolvidos na extração de conteúdos da Web.

Rastreio de páginas Web: O primeiro passo na extração de conteúdos da Web é o rastreio de páginas Web, em que um rastreador ou aranha da Web navega sistematicamente pelas páginas

Web para recolher dados. Os Web crawlers seguem hiperligações, a partir de URLs semente, para descobrir e recuperar páginas Web para análise. O crawler descarrega o conteúdo HTML ou XML de cada página Web, incluindo o texto, as imagens e outros elementos multimédia (Muppavarapu et al., 2021).

Pré-processamento e limpeza: Depois de as páginas Web serem rastreadas, o conteúdo precisa de ser pré-processado e limpo. Isto envolve a remoção de etiquetas HTML, scripts e outros elementos irrelevantes do conteúdo da página Web. O conteúdo do texto é então tokenizado, podem ser aplicadas técnicas de stemming e de remoção de palavras de paragem, e o texto é transformado num formato estruturado adequado para análise.

Extração de texto e extração de informação: As técnicas de extração de texto são aplicadas para extrair informações e conhecimentos valiosos do conteúdo textual das páginas Web. Isto inclui tarefas como (Govindu & Chinnam, 2010):

Reconhecimento de entidades nomeadas: Identificação e extração de entidades nomeadas, tais como nomes, localizações, organizações e outras entidades específicas mencionadas no texto. Identificar e extrair relações entre entidades mencionadas no texto. Por exemplo, extrair a relação entre uma pessoa e uma organização mencionada num artigo de notícias.

- Desambiguação de entidades: Resolução de referências ambíguas a entidades, ligando-as a entidades específicas numa base de conhecimentos.
- Classificação de documentos: Classificação de páginas Web em categorias predefinidas com base no seu conteúdo. Isto é útil para organizar e indexar páginas Web para recuperação de informações.
- Modelação de tópicos: Descoberta de tópicos latentes numa coleção de páginas Web utilizando técnicas como a Latent Dirichlet Allocation (LDA). Isto ajuda a compreender os principais temas ou assuntos presentes no conteúdo da Web.

A análise de sentimentos, também conhecida como extração de opiniões, tem como objetivo determinar o sentimento ou a opinião expressa no conteúdo da Web (Moreira, 2021). Envolve a classificação do texto como positivo, negativo ou neutro com base no sentimento transmitido. A análise de sentimentos pode ser aplicada a avaliações de utilizadores, publicações em redes sociais, comentários em blogues e outras formas de conteúdo gerado pelo utilizador. Técnicas como as abordagens baseadas no léxico, a aprendizagem automática e os métodos de aprendizagem profunda são normalmente utilizadas para a análise de sentimentos. A extração de conteúdos da Web é também utilizada em sistemas de recomendação baseados em conteúdos. Estes sistemas analisam o conteúdo das páginas Web, as preferências e o comportamento dos utilizadores para recomendar conteúdos, produtos ou serviços relevantes aos utilizadores. Ao compreender as caraterísticas do conteúdo e as preferências do utilizador, estes sistemas podem fornecer recomendações personalizadas com base em medidas de semelhança ou relevância. As técnicas de extração de conteúdos da Web também se estendem aos elementos visuais e multimédia presentes nas páginas Web. Isto envolve a análise e extração de informações de imagens, vídeos e conteúdos áudio. Técnicas como o reconhecimento de imagens, a deteção de objectos, a legendagem de imagens e a sumarização de vídeos são utilizadas para compreender e extrair informações significativas de elementos multimédia. As técnicas de extração de conteúdos da Web desempenham um papel vital na extração de informações valiosas dos conteúdos textuais e multimédia presentes nas páginas Web. Ao aplicar técnicas de extração de texto, extração de informação, análise de sentimentos e extração de multimédia, as organizações podem obter informações, melhorar os sistemas de pesquisa e de recomendação e aperfeiçoar os processos de tomada de decisões. O crescimento contínuo da Web e a crescente complexidade do conteúdo da Web colocam desafios contínuos à extração de conteúdo da Web, exigindo técnicas e algoritmos avançados para lidar com a vasta quantidade de dados e garantir uma análise precisa (Marino et al., 2021).

2.1.7.2 Extração de estruturas da Web

A extração da estrutura da Web é um ramo da extração da Web que se centra na análise das relações e ligações entre páginas Web. Envolve a extração de informações valiosas da estrutura subjacente da World Wide Web, como hiperligações, textos-âncora e gráficos da Web. As técnicas de extração de estruturas da Web são amplamente utilizadas em aplicações como a classificação em motores de busca, análise de ligações, deteção de comunidades e sistemas de recomendação. Nesta secção, exploraremos as principais técnicas e processos envolvidos na extração de estruturas da Web.

A análise de ligações é uma técnica fundamental na extração de estruturas da Web que se centra na análise da estrutura de hiperligações da Web. Envolve o exame das relações entre páginas Web com base em hiperligações. As principais técnicas da análise de ligações incluem: PageRank é um algoritmo popular que atribui um peso numérico a cada página da Web com base no número e na qualidade dos links de entrada. Mede a importância ou autoridade de uma página no gráfico da Web e é amplamente utilizado na classificação dos motores de busca. O Hyperlink-Induced Topic Search (HITS) é um algoritmo que identifica páginas com autoridade (hubs) e páginas relevantes (autoridades) com base nas ligações de entrada e de saída. Proporciona uma forma de encontrar páginas Web de elevada qualidade num tópico ou comunidade específicos. O TrustRank é uma extensão do PageRank que se centra na identificação de páginas fiáveis, tendo em conta a qualidade e a fiabilidade das páginas de ligação. Ajuda a combater o spam e a identificar fontes de informação fiáveis (Ramadhan et al., 2021).

A análise de grafos da Web envolve o exame da estrutura geral do grafo da Web, que representa a interconexão de páginas da Web através de hiperligações. As principais técnicas de análise de grafos da Web incluem: As técnicas de deteção de comunidades visam identificar grupos ou comunidades de páginas Web densamente ligadas no gráfico Web. Isto ajuda a compreender a estrutura e a organização da Web e pode ser útil em várias aplicações, como a análise de redes sociais e os sistemas de recomendação. As medidas de centralidade identificam nós ou páginas importantes no grafo da Web. Estas medidas, como a centralidade de grau, a centralidade de proximidade e a centralidade de intermediação, ajudam a compreender a influência e a importância das páginas Web no gráfico Web. As técnicas de previsão de ligações prevêem ligações em falta ou futuras no gráfico Web com base na estrutura de ligações existente. Isto pode ser útil em sistemas de recomendação, na previsão de colaborações e na identificação de potenciais ligações entre páginas Web (Moreira, 2021). As técnicas de exploração da estrutura da Web também são aplicadas para analisar a estrutura social e as interações nas comunidades da Web. As principais técnicas de análise de redes sociais incluem a deteção de comunidades, a análise de influências e a extração de opiniões. À semelhança da análise de grafos da Web, as técnicas de deteção de comunidades visam identificar comunidades ou grupos de utilizadores numa rede social baseada na Web. Isto ajuda a compreender a estrutura social e a dinâmica das comunidades em linha. As técnicas de análise da influência identificam utilizadores ou nós influentes na rede social. Isto envolve a medição de factores como a centralidade do nó, a difusão da influência e a disseminação da informação na rede. As técnicas de extração de opiniões analisam os conteúdos gerados pelos utilizadores na rede social para extrair opiniões, sentimentos e tendências. Isto ajuda a compreender as preferências dos utilizadores, a análise de sentimentos e a publicidade direcionada (Herrera-Viedma et al., 2005).

Sistemas de recomendação: A exploração da estrutura da Web desempenha um papel crucial nos sistemas de recomendação. Ao analisar a estrutura das ligações, as ligações sociais e o comportamento dos utilizadores, os sistemas de recomendação podem fornecer recomendações personalizadas aos utilizadores. Técnicas como a filtragem colaborativa, a filtragem baseada no conteúdo e as abordagens híbridas aproveitam a extração da estrutura da Web para sugerir aos utilizadores páginas Web, produtos ou serviços relevantes. As técnicas de extração de estruturas da Web permitem a análise de relações e ligações na World Wide Web. Ao aplicar a análise de ligações, a análise de gráficos da Web, a análise de redes sociais e as técnicas de sistemas de recomendação, é possível obter informações valiosas sobre a organização das páginas Web, o comportamento dos utilizadores e o fluxo de informações na Web (R. Das et al., 2021).

2.1.7.3 Extração de dados de utilização da Web

A extração de dados de utilização da Web é um ramo da extração de dados da Web que se centra na análise e compreensão das interações e do comportamento dos utilizadores na World Wide Web. Envolve a extração de conhecimentos e padrões valiosos a partir de registos do servidor Web, dados de clickstream do utilizador, cookies e outras informações relacionadas com o utilizador. As técnicas de exploração da utilização da Web são amplamente utilizadas em aplicações como a definição de perfis de utilizadores, personalização, sistemas de recomendação, otimização de sítios Web e inteligência empresarial. Nesta secção, vamos explorar as principais técnicas e processos envolvidos na extração de dados de utilização da Web. O primeiro passo na extração de dados de utilização da Web é a recolha de dados de utilização da Web. Estes dados podem ser obtidos a partir dos registos do servidor Web, que registam as actividades dos utilizadores nos sítios Web, incluindo pedidos de páginas, carimbos de data/hora, endereços IP e páginas de referência. Outras fontes de dados podem incluir cookies, sessões de utilizadores, dados de clickstream e perfis de utilizadores. As técnicas de recolha de dados têm de garantir a privacidade dos dados e cumprir os regulamentos relevantes: Uma vez recolhidos os dados de utilização da Web, são aplicados passos de pré-processamento para limpar e preparar os dados para análise. Isto envolve tarefas como Limpeza de dados Remoção de ruído e dados irrelevantes dos dados recolhidos, como pedidos duplicados, bots ou URLs irrelevantes. Agrupamento das interações dos utilizadores em sessões com base em intervalos de tempo ou outros critérios. Isto ajuda a compreender o comportamento do utilizador numa única sessão de navegação. Este processo é chamado de identificação de sessão. O passo seguinte é a integração de dados, na qual integramos dados de várias fontes, como a combinação de registos de servidor e perfis de utilizador, para obter uma visão abrangente do comportamento do utilizador. Por último, ocorre a transformação dos dados, em que estes são transformados num formato adequado para análise, como a conversão de carimbos de data/hora, a codificação de variáveis categóricas ou a agregação de dados em diferentes granularidades (Goyal & Madhavi, 2023).

A definição do perfil do utilizador é uma tarefa fundamental na exploração da utilização da Web que envolve a criação de perfis de utilizadores com base no seu comportamento de navegação na Web. As técnicas de definição de perfis de utilizadores visam compreender as preferências, os interesses e os padrões de comportamento dos utilizadores. As técnicas utilizadas na definição de perfis de utilizadores incluem:

- Análise de sessão: Analisar as sessões dos utilizadores para compreender a sequência de visitas às páginas, o tempo passado em cada página e os padrões de navegação dentro de uma sessão.
- Análise de frequência: Identificar páginas frequentemente visitadas, conteúdos populares e caminhos de navegação populares para obter informações sobre as preferências dos utilizadores.
- Extração de padrões sequenciais: Descoberta de padrões sequenciais frequentes no comportamento do utilizador, como a ordem pela qual as páginas são visitadas, para compreender as preferências e os interesses do utilizador.
- Análise de agrupamento: Agrupamento de utilizadores em segmentos ou clusters com base no seu comportamento de navegação para identificar caraterísticas e preferências comuns.

A descoberta de padrões envolve a identificação de padrões e associações significativos nos dados de utilização da Web. Isto ajuda a compreender o comportamento do utilizador, a identificar tendências e a extrair conhecimentos valiosos (Rodnguez et al., 2015). As técnicas utilizadas na descoberta de padrões são a extração de regras de associação, a extração de padrões sequenciais e a análise baseada no tempo. Na extração de regras de associação, descobrimos associações entre páginas Web, produtos ou acções com base em padrões de coocorrência nos dados de utilização.

Isto pode ser utilizado para vendas cruzadas, sistemas de recomendação e personalização. Em Sequential Pattern Mining identificamos padrões sequenciais no comportamento do utilizador, tais como páginas frequentemente visitadas ou caminhos de navegação, para compreender as preferências do utilizador e recomendar conteúdos relevantes. Na análise baseada no tempo, analisamos o comportamento do utilizador ao longo do tempo para identificar tendências, padrões sazonais e alterações nas preferências do utilizador (Rodnguez et al., 2015).

Nos sistemas de recomendação, as técnicas de extração da utilização da Web desempenham um papel crucial nos sistemas de recomendação. Ao analisar o comportamento, as preferências e as interações dos utilizadores, os sistemas de recomendação podem fornecer recomendações personalizadas aos utilizadores. As técnicas utilizadas nos sistemas de recomendação incluem a filtragem colaborativa e a filtragem baseada no conteúdo. Na filtragem colaborativa, a recomendação de itens baseia-se nas preferências e comportamentos de utilizadores semelhantes. Isto envolve a análise dos dados de interação utilizador-item e a identificação de utilizadores com preferências semelhantes. Na filtragem baseada em conteúdo, a recomendação de itens com base no conteúdo e nos atributos dos próprios itens. Isto implica a análise das caraterísticas e metadados das páginas Web, produtos ou serviços para efetuar recomendações.

As técnicas de extração da Web enfrentam vários desafios, incluindo a natureza dinâmica da Web, problemas de escalabilidade, preocupações com a privacidade e a necessidade de tratar dados não estruturados e ruidosos da Web. Além disso, o grande volume de dados da Web exige algoritmos e infra-estruturas eficientes para o processamento e análise dos dados (Jia et al., 2020).

2.2 Quadros baseados no conhecimento

Os quadros baseados no conhecimento desempenham um papel crucial nos sistemas multiagentes (MAS), fornecendo uma representação estruturada do conhecimento que os agentes podem utilizar para a tomada de decisões, a resolução de problemas e a comunicação. Estas estruturas permitem que os agentes armazenem, actualizem e acedam ao conhecimento de forma eficiente, facilitando a colaboração e a coordenação entre agentes no âmbito dos MAS. Nesta secção, vamos explorar algumas estruturas populares baseadas no conhecimento utilizadas em MAS (Sotnik, 2018).

As tecnologias da Web semântica referem-se a um conjunto de normas, ferramentas e quadros que permitem a representação, a integração e a utilização de dados estruturados na World Wide Web. Estas tecnologias têm como objetivo melhorar a Web, acrescentando uma camada semântica aos recursos Web existentes, permitindo uma interpretação mais significativa e o processamento automático da informação. As principais tecnologias associadas à Web Semântica incluem o Quadro de Descrição de Recursos (RDF), a Linguagem Ontológica da Web (OWL) e o SPARQL. O quadro de descrição de recursos (RDF) é um modelo de dados normalizado para representar o conhecimento na Web. Fornece um quadro flexível e extensível para a descrição de recursos e das suas relações. O RDF representa a informação sob a forma de triplas, constituídas por um sujeito, um predicado e um objeto. Estas triplas podem ser utilizadas para criar gráficos que captam relações complexas entre recursos. O RDF permite a criação de metadados semânticos, ligando recursos relacionados e facilitando a integração e a interoperabilidade dos dados. A Web Ontology Language (OWL) é uma linguagem de marcação semântica concebida para definir ontologias na Web. Uma ontologia especifica os conceitos, as relações e as restrições num determinado domínio. A OWL fornece um conjunto rico de construções para definir classes, propriedades, indivíduos e relações lógicas entre eles. Permite a criação de modelos de domínio formais e legíveis por máquina, que podem ser utilizados para raciocínio automático, partilha de conhecimentos e integração de dados (J. N. D. Gupta & Sharma, 2004). A OWL suporta diferentes níveis de expressividade, desde taxonomias simples a representações de conhecimento mais complexas. SPARQL é uma linguagem de consulta para recuperar e manipular dados RDF. Permite aos utilizadores consultar grafos RDF utilizando uma sintaxe semelhante à do SQL. A SPARQL suporta poderosas capacidades de consulta, incluindo correspondência de padrões, filtragem, agregação e inferência. Permite a extração de informações específicas de conjuntos de dados RDF

e facilita a exploração e análise avançadas de dados. Os pontos de extremidade SPARQL fornecem acesso a fontes de dados RDF públicas, permitindo que os programadores e investigadores consultem e recuperem dados da Web Semântica.
Os dados ligados são um conjunto de boas práticas e princípios para publicar e ligar dados estruturados na Web. Promove a utilização de formatos normalizados, como o RDF e o OWL, e a incorporação de anotações semânticas para tornar os dados legíveis por máquina e interligados. Os dados ligados baseiam-se na utilização de Identificadores Uniformes de Recursos (URIs) para identificar e ligar recursos em diferentes conjuntos de dados. Seguindo os princípios dos dados ligados, os recursos da Web podem ser ligados numa rede de dados, permitindo a descoberta, a exploração e a integração de informações distribuídas (Tarus et al., 2018).
Para além da OWL, outras linguagens de ontologia são utilizadas na Web Semântica para definir e representar o conhecimento. Algumas linguagens de ontologia populares incluem a Linguagem de Ontologia da Web para Serviços (OWL-S), que alarga a OWL para descrever serviços Web; o Formato de Intercâmbio de Regras (RIF), que fornece um formato normalizado para o intercâmbio de regras; e a Lógica Comum (CL), uma linguagem baseada na lógica para exprimir conhecimento e raciocínio. Os serviços Web semânticos (SWS) combinam a tecnologia de serviços Web com anotações semânticas para permitir a descoberta, composição e invocação automatizadas de serviços. Os quadros SWS utilizam ontologias e descrições semânticas para proporcionar um nível mais elevado de compreensão e automatização em arquitecturas orientadas para os serviços. Facilitam a descoberta de serviços com base nas suas capacidades e restrições (Vatananan-Thesenvitz et al., 2019).

2.2.1 Sistemas baseados em regras

Os sistemas baseados em regras, também conhecidos como sistemas de produção ou sistemas periciais, são um tipo de inteligência artificial (IA) que utiliza um conjunto de regras predefinidas para tomar decisões ou efetuar tarefas. Estes sistemas são concebidos para imitar o raciocínio humano, codificando o conhecimento e a experiência sob a forma de regras "se-então". Num sistema baseado em regras, o conhecimento é representado como um conjunto de regras sob a forma de declarações lógicas. Cada regra é composta por duas partes: o antecedente (parte "se") e o consequente (parte "então"). O antecedente especifica as condições ou critérios que devem ser satisfeitos, enquanto o consequente descreve as acções ou conclusões a tomar se as condições forem satisfeitas. Quando um sistema baseado em regras recebe uma entrada ou se depara com um problema, compara a entrada com os antecedentes das regras para encontrar as regras aplicáveis. O sistema executa então os consequentes dessas regras para gerar o resultado desejado ou realizar uma ação específica. O processo de correspondência de regras segue uma abordagem de encadeamento para a frente ou para trás. No encadeamento progressivo, o sistema começa com os dados ou factos disponíveis e aplica as regras para deduzir novas conclusões ou acções. Continua este processo até que não haja mais regras aplicáveis. Esta abordagem é adequada para cenários de resolução de problemas ou de tomada de decisões em que o objetivo é alcançar um resultado específico. No encadeamento regressivo, o sistema começa com o resultado ou objetivo desejado e trabalha no sentido inverso para encontrar as regras que podem conduzir a esse objetivo. Em seguida, utiliza estas regras para recolher os dados ou factos necessários e, eventualmente, alcançar o resultado desejado. O encadeamento para trás é útil para tarefas de diagnóstico ou de resolução de problemas em que o objetivo é identificar as causas ou razões subjacentes a uma determinada situação. Os sistemas baseados em regras têm várias vantagens (M. I. F. Ribeiro et al., 2017):

- Transparência: As regras de um sistema baseado em regras são explícitas e compreensíveis, o que facilita a interpretação e a validação das decisões do sistema.
- Modularidade: O conhecimento num sistema baseado em regras é modular, permitindo a fácil adição, modificação ou remoção de regras para se adaptar a requisitos ou conhecimentos em mudança.

- Eficiência: Os sistemas baseados em regras podem avaliar e executar regras rapidamente, o que os torna adequados para aplicações em tempo real ou sensíveis ao tempo.
- Captura de conhecimentos especializados: Estes sistemas permitem a captura e preservação de conhecimentos especializados, permitindo que os não especialistas acedam e beneficiem dos conhecimentos especializados acumulados.

No entanto, os sistemas baseados em regras também têm limitações:

- Complexidade: À medida que o número de regras e a complexidade do domínio do problema aumentam, a gestão e a manutenção das regras podem tornar-se um desafio.
- Falta de contexto: Os sistemas baseados em regras carecem muitas vezes da capacidade de raciocinar para além das regras explícitas e podem ter dificuldade em compreender o contexto ou em tomar decisões matizadas (M. I. F. Ribeiro et al., 2017).
- Escalabilidade: A escalabilidade dos sistemas baseados em regras para lidar com grandes quantidades de dados ou cenários complexos pode ser difícil, uma vez que o processo de avaliação das regras pode tornar-se lento ou ineficiente.

Apesar destas limitações, os sistemas baseados em regras têm encontrado aplicações em vários domínios, incluindo sistemas especializados, motores de regras comerciais, sistemas de apoio à decisão e sistemas de diagnóstico. Constituem uma abordagem valiosa para automatizar os processos de tomada de decisões e captar os conhecimentos humanos de uma forma estruturada e gerível (Fu et al., 2020).

2.2.2 Sistemas baseados em quadros

Os sistemas baseados em quadros são um tipo de representação do conhecimento e de sistema de raciocínio que organiza a informação utilizando quadros. As molduras são estruturas de dados que representam conceitos ou objectos e os seus atributos, propriedades e relações associados. Proporcionam uma forma de estruturar o conhecimento e capturar as caraterísticas e o comportamento das entidades num domínio específico. Num sistema baseado em molduras, cada moldura corresponde a um conceito ou objeto específico. As molduras contêm ranhuras, que são espaços reservados para armazenar informações sobre os atributos ou propriedades do conceito. Estas ranhuras podem conter valores, tais como texto, números ou referências a outras molduras. As ranhuras também podem ter restrições ou regras adicionais associadas a elas para impor condições ou relações específicas. As molduras podem herdar atributos e ranhuras de outras molduras, formando uma hierarquia ou taxonomia de conceitos. Isto permite a reutilização e a organização do conhecimento de uma forma estruturada. A herança ajuda a captar pontos comuns e variações entre diferentes conceitos num domínio. Os principais componentes dos sistemas baseados em quadros incluem (Vaccaro & Canizares, 2016):

- Quadros: As molduras representam os conceitos ou objectos no sistema. Contêm espaços para armazenar informações e atributos relacionados com o conceito.
- Slots: As ranhuras são espaços reservados dentro das molduras que contêm valores ou referências a outras molduras. Definem as propriedades ou atributos do conceito.
- Herança: As molduras podem herdar atributos e ranhuras de outras molduras, permitindo a organização hierárquica e a reutilização do conhecimento.
- Restrições: As ranhuras podem ter restrições ou regras associadas a elas para impor condições ou relações específicas.
- Conjuntos de quadros: Os conjuntos de quadros são colecções de quadros relacionados que formam uma estrutura de conhecimento coerente num domínio específico.

Os sistemas baseados em quadros oferecem várias vantagens:

- Organização e estrutura: Os quadros ajudam a organizar e estruturar o conhecimento de uma forma significativa, permitindo uma fácil navegação e recuperação da informação.
- Reutilização: A herança permite a reutilização de atributos e ranhuras comuns em todos os quadros, reduzindo a redundância e melhorando a eficiência.
- Flexibilidade: Os quadros podem ser facilmente modificados ou alargados para acomodar

novas informações ou alterações no domínio.

- Representação explícita: Os sistemas baseados em quadros fornecem uma representação explícita do conhecimento, tornando-o mais fácil de entender e validar (Vaccaro & Canizares, 2016).

No entanto, os sistemas baseados em fotogramas também têm limitações:

- Escalabilidade: À medida que o número de quadros e relações aumenta, a gestão e manutenção da base de conhecimentos pode tornar-se complexa e exigir muitos recursos.
- Falta de capacidades de raciocínio: Os sistemas baseados em quadros podem não possuir capacidades de raciocínio avançadas para inferir novas informações ou efetuar inferências complexas.
- Limitações contextuais: As estruturas podem ter dificuldades em representar e raciocinar sobre a informação contextual ou em lidar com situações ambíguas.

Os sistemas baseados em quadros têm sido aplicados em vários domínios, incluindo o processamento de linguagem natural, os sistemas especializados, a engenharia do conhecimento e as redes semânticas. Fornecem uma abordagem estruturada para representar e organizar o conhecimento, permitindo uma gestão eficiente do conhecimento e o raciocínio em domínios problemáticos específicos (Hallinger & Kovacevic, 2021).

2.2.3 Lógica de descrição

A lógica descritiva (DL) é uma linguagem formal de representação do conhecimento e um subconjunto da lógica de primeira ordem, amplamente utilizada no domínio da engenharia de ontologias e da Web semântica. Fornece um quadro formal para representar e raciocinar sobre o conhecimento de uma forma estruturada e lógica.

A DL baseia-se no conceito de descrição, que representa uma classe ou um conceito num domínio. As descrições são constituídas por conceitos atómicos, funções e operadores lógicos. Os conceitos atómicos representam classes de indivíduos, as funções representam relações binárias entre indivíduos e os operadores lógicos, como a conjunção, a disjunção e a negação, permitem expressões complexas. A DL fornece um conjunto de construtores que podem ser utilizados para criar descrições. Alguns dos construtores mais utilizados são:

- Intersecção (A) e União (U): A intersecção permite a especificação de indivíduos que satisfazem vários conceitos simultaneamente, enquanto a união representa os indivíduos que satisfazem pelo menos um dos conceitos dados.
- Complemento (-): O complemento representa a negação de um conceito, especificando os indivíduos que não pertencem ao conceito dado.

Quantificadores Existenciais (3) e Universais (V): Os quantificadores existenciais especificam que existe pelo menos um indivíduo que tem uma relação específica com outro indivíduo. Os quantificadores universais especificam que todos os indivíduos têm uma relação específica.

- Composição de funções: A composição de funções permite a combinação de múltiplas funções para formar relações complexas.

A DL também fornece uma semântica formal que permite o raciocínio e a inferência. O raciocínio em DL envolve fazer deduções lógicas com base nos conceitos, funções e axiomas definidos (Davids & Frenken, 2018). Os raciocinadores de DL podem inferir novos conhecimentos com base na base de conhecimentos existente, detetar inconsistências e responder a perguntas sobre o domínio do conhecimento. O DL tem várias vantagens:

- Formal e expressiva: A DL fornece uma linguagem formal e expressiva para representar e raciocinar sobre o conhecimento, permitindo especificações precisas e não ambíguas.
- Escalabilidade: Os raciocinadores DL podem lidar eficazmente com bases de conhecimento de grande escala e efetuar tarefas de raciocínio complexas.
- Preservação da semântica: A DL suporta o raciocínio que preserva a semântica do conhecimento representado, garantindo a consistência e a coerência.
- Interoperabilidade: A DL é amplamente utilizada na Web Semântica e na engenharia de

ontologias, permitindo a interoperabilidade e a integração de conhecimentos em diferentes sistemas e domínios.

No entanto, o DL também tem algumas limitações:

- Complexidade: As linguagens DL expressivas podem ter uma complexidade computacional elevada, tornando as tarefas de raciocínio computacionalmente dispendiosas.
- Conhecimentos especializados em engenharia do conhecimento: O desenvolvimento e a manutenção de bases de conhecimento baseadas em DL requerem frequentemente conhecimentos especializados em engenharia de ontologias e lógica formal.
- Falta de raciocínio contextual: O DL centra-se na representação lógica do conhecimento e pode não captar o raciocínio contextual ou probabilístico.

A lógica descritiva desempenha um papel importante nos sistemas baseados em ontologias, nas tecnologias da Web semântica e na representação e raciocínio do conhecimento. Fornece uma base sólida para capturar e raciocinar sobre o conhecimento de uma forma formal e lógica, facilitando a representação do conhecimento compreensível por máquina e permitindo aplicações inteligentes (Marir et al., 2019).

2.2.4 Raciocínio baseado em casos

O Raciocínio Baseado em Casos (RBC) é uma metodologia de resolução de problemas e um subcampo da inteligência artificial (IA) que se centra na utilização de experiências passadas, chamadas casos, para resolver novos problemas. Os sistemas de RBC aprendem e adaptam experiências passadas para fornecer soluções para problemas semelhantes ou relacionados no futuro. As etapas básicas do processo de RBC são as seguintes:

Recuperar: O sistema de RBC pesquisa a sua biblioteca de casos para encontrar casos que sejam semelhantes ou relevantes para o problema atual. Esta etapa de recuperação envolve a correspondência das caraterísticas, atributos ou descrições do problema atual com os dos casos armazenados.

Reutilização: Uma vez recuperados os casos relevantes, o sistema analisa e adapta as soluções ou conhecimentos contidos nesses casos para resolver o problema atual. O sistema identifica as partes dos casos recuperados que são aplicáveis e podem ser reutilizadas.

Rever: A solução adaptada dos casos recuperados pode não ser diretamente aplicável ao problema atual. Na etapa de revisão, o sistema modifica ou aperfeiçoa a solução adaptada para se ajustar aos requisitos ou restrições específicos do problema atual (Taillandier et al., 2012).

Manter: Depois de resolver com sucesso o problema atual, o sistema retém o caso recentemente resolvido na sua biblioteca de casos. Desta forma, o sistema pode aprender com os casos resolvidos para futuras tarefas de resolução de problemas.

Os sistemas de RBC utilizam uma biblioteca de casos ou base de casos, que armazena experiências passadas de resolução de problemas. Cada caso da biblioteca é composto por uma descrição do problema, a solução correspondente e, possivelmente, metadados ou anotações adicionais. A biblioteca de casos cresce ao longo do tempo à medida que novos casos são adicionados, aumentando o conhecimento do sistema e as capacidades de resolução de problemas. Vantagens do raciocínio baseado em casos:

- Adaptabilidade: Os sistemas de RBC podem adaptar soluções passadas a novos problemas, tirando partido das semelhanças entre casos, o que os torna adequados para domínios dinâmicos e em evolução.
- Aprender com a experiência: Os sistemas de RBC aprendem com casos anteriores e acumulam conhecimentos ao longo do tempo, melhorando as suas capacidades de resolução de problemas com cada novo caso adicionado.
- Raciocínio com informação incompleta ou incerta: A RBC pode lidar com situações com informação incompleta ou incerta baseando-se em casos anteriores semelhantes, mesmo que o problema atual não tenha dados completos ou precisos.
- Transparência: Os sistemas de RBC fornecem explicações para as suas soluções através da

referência a casos passados, tornando o seu processo de raciocínio transparente e compreensível (Shang et al., 2017).

Limitações do raciocínio baseado em casos:

- Desafios da recuperação de casos: Encontrar casos relevantes e semelhantes a partir de uma grande biblioteca de casos pode ser um desafio, especialmente quando o espaço do problema é complexo ou mal definido.
- Representação e generalização: Pode ser difícil representar casos de uma forma que capte as suas caraterísticas essenciais e permita a generalização para diferentes instâncias de problemas.
- Escalabilidade: À medida que a biblioteca de casos aumenta, a eficiência dos processos de recuperação e adaptação pode diminuir, afectando o desempenho geral do sistema.
- Aquisição inicial de casos: Os sistemas de RBC podem enfrentar desafios quando se deparam com novos
problemas para os quais não existem casos pré-existentes. A aquisição e incorporação de casos iniciais na biblioteca de casos pode ser demorada ou exigir conhecimentos especializados no domínio.

O raciocínio baseado em casos tem sido aplicado em vários domínios, incluindo a medicina, a engenharia, as finanças e os sistemas de apoio ao cliente. Proporciona uma abordagem flexível e adaptável à resolução de problemas, permitindo que os sistemas aproveitem as experiências passadas para enfrentar eficazmente novos desafios (Levine Coley et al., 2004).

2.2.5 Redes Bayesianas

As redes bayesianas, também conhecidas como redes de crenças ou modelos gráficos probabilísticos, são uma poderosa técnica de modelação probabilística utilizada para representar e raciocinar sobre conhecimentos incertos. Fornecem uma estrutura gráfica para codificar relações probabilísticas entre variáveis e fazer inferências com base nas provas disponíveis.

Numa rede bayesiana, as variáveis são representadas como nós, e as relações entre as variáveis são representadas como arestas ou arcos direcionados entre os nós. Os nós da rede podem ser variáveis observáveis, que representam quantidades conhecidas ou observadas, ou variáveis latentes, que representam factores não observados ou ocultos.

A estrutura gráfica da rede codifica as dependências condicionais entre as variáveis. Cada nó da rede está associado a uma distribuição de probabilidade condicional que quantifica a relação entre esse nó e os seus pais (ou seja, os nós que têm arcos de entrada para o nó). Essas probabilidades condicionais são normalmente especificadas na forma de tabelas de probabilidade condicional (CPTs) ou distribuições de probabilidade. Os principais componentes das redes bayesianas são (Symeonidis & Mitkas, 2005):

- Nós: Os nós representam variáveis ou variáveis aleatórias no domínio de interesse. Podem ser variáveis discretas ou contínuas.
- Arcos: Os arcos representam as relações probabilísticas entre variáveis. Um arco direcionado do nó A para o nó B indica que A é um pai de B e que a distribuição de B depende
sobre os valores de A.
- Tabelas de probabilidade condicional (CPTs): As CPTs definem as distribuições de probabilidade condicional associadas a cada nó, tendo em conta os seus pais na rede. Especificam os valores de probabilidade ou as densidades de probabilidade com base nas provas disponíveis.

As redes Bayesianas oferecem várias vantagens:

- Modelação da incerteza: As redes Bayesianas proporcionam uma forma natural e intuitiva de representar e raciocinar sobre o conhecimento incerto, tornando-as adequadas para domínios em que a incerteza desempenha um papel significativo.
- Inferência probabilística: As redes Bayesianas permitem o cálculo de vários tipos de inferências probabilísticas, tais como o cálculo de probabilidades posteriores, a previsão de resultados e a atualização de crenças com base em novas provas.
- Modularidade e escalabilidade: As redes bayesianas permitem a representação modular de

sistemas complexos, decompondo-os em componentes mais pequenos ou sub-redes. Esta modularidade torna a modelação e a análise mais fáceis de gerir.

- Incorporação de conhecimentos prévios: As redes Bayesianas podem incorporar conhecimentos prévios sob a forma de probabilidades prévias, permitindo a integração de conhecimentos especializados existentes no domínio no processo de modelação (Jadhav & Sonar, 2011).

Apesar destas vantagens, as redes Bayesianas também têm algumas limitações:

- Aquisição de conhecimentos: A construção de uma rede bayesiana requer conhecimentos sobre as relações probabilísticas subjacentes, que nem sempre estão imediatamente disponíveis ou são fáceis de adquirir.
- Complexidade: À medida que o número de variáveis e relações aumenta, a complexidade computacional da inferência em redes bayesianas pode crescer significativamente.
- Pressupostos de independência: As redes Bayesianas baseiam-se no pressuposto de independência condicional entre variáveis dadas as suas progenitoras, o que pode nem sempre ser válido em prática.

As redes bayesianas têm sido aplicadas com êxito em vários domínios, incluindo o diagnóstico médico e os sistemas de recomendação. Proporcionam um quadro probabilístico e baseado em princípios para modelizar o conhecimento incerto e tomar decisões informadas em condições de incerteza (Anand et al., 2015).

2.2.6 Gráficos conceptuais

Os gráficos conceptuais (GC) são um formalismo de representação do conhecimento que fornece um quadro gráfico e lógico para representar e analisar o conhecimento de uma forma estruturada e expressiva. Os GC foram introduzidos por John F. Sowa como um meio de representar estruturas conceptuais e facilitar a engenharia do conhecimento e as tarefas de raciocínio.

Nos grafos conceptuais, o conhecimento é representado através de grafos rotulados compostos por nós e arcos. Os nós representam conceitos ou objectos, enquanto os arcos representam relações entre os conceitos. Os conceitos e as relações são definidos por etiquetas semânticas ligadas aos nós e aos arcos, respetivamente. Os grafos conceptuais podem captar tanto relações unárias (envolvendo um único conceito) como relações binárias (envolvendo dois conceitos). Os principais componentes dos grafos conceptuais são (Jadhav & Sonar, 2011):

- Nós de conceito: Os nós de conceito representam os conceitos ou objectos no domínio de interesse. Podem representar entidades como objectos, eventos ou noções abstractas.
- Nós de relação: Os nós de relação representam as relações entre conceitos. Capturam as ligações ou associações entre conceitos e fornecem um meio de expressar predicados ou propriedades.
- Atributos: Os atributos estão ligados a nós ou arcos e fornecem informações adicionais sobre os conceitos ou relações que representam. Os atributos podem ser utilizados para especificar caraterísticas, restrições ou outras propriedades.
- Quantificadores: Os quantificadores podem ser aplicados a nós ou arcos para expressar generalizações ou restrições quanto ao âmbito dos conceitos ou relações que representam.

Os gráficos conceptuais oferecem várias vantagens:

- Expressividade: Os CG fornecem uma linguagem gráfica rica e expressiva para representar estruturas de conhecimento complexas, permitindo especificações precisas e não ambíguas.
- Raciocínio baseado na lógica: Os CGs estão enraizados na lógica formal e o raciocínio com CGs envolve operações lógicas como dedução, inferência e verificação de consistência.
- Modularidade e abstração: Os GC suportam a representação modular, permitindo a decomposição do conhecimento em unidades mais pequenas. Também fornecem mecanismos de abstração para captar pontos comuns e variações entre diferentes instâncias.

- Visualização gráfica: A natureza gráfica dos CGs facilita a compreensão humana e a comunicação do conhecimento. A representação visual facilita a compreensão e a validação de estruturas de conhecimento complexas (Theriou et al., 2009).

No entanto, os gráficos conceptuais também têm limitações:

- Complexidade: À medida que a base de conhecimentos se torna maior e mais interligada, a gestão e o raciocínio com os GC podem tornar-se complexos e computacionalmente exigentes.
- Formalidade e aprendizagem: A construção e formalização de gráficos conceptuais requerem frequentemente conhecimentos especializados em engenharia do conhecimento e lógica formal. Aprender a estrutura e as relações subjacentes também pode ser um desafio.
- Raciocínio contextual: Embora os GC possam representar relações e associações entre conceitos, podem ter dificuldade em captar informações contextuais complexas ou em lidar com situações ambíguas.

Os grafos conceptuais têm sido aplicados em vários domínios, incluindo o processamento de linguagem natural, sistemas especializados, redes semânticas e engenharia do conhecimento. Proporcionam um quadro gráfico e lógico para a representação e o raciocínio do conhecimento, permitindo a integração e a manipulação do conhecimento de uma forma estruturada e formal.

Estas estruturas de bases de conhecimento fornecem aos agentes dos sistemas multiagentes ferramentas poderosas para representar, organizar e raciocinar sobre o conhecimento. A seleção de um quadro específico depende dos requisitos do domínio MAS, do tipo de conhecimento a representar e das capacidades de raciocínio necessárias aos agentes. Também pode ser utilizada uma combinação destes quadros para potenciar os seus pontos fortes e endereço (Asaad et al., 2021).

2.3 Abordagens existentes e suas limitações

Existem várias abordagens e enquadramentos para a criação de bases de conhecimentos no contexto dos sistemas multiagentes (MAS). Seguem-se algumas das abordagens mais utilizadas e as suas limitações:

Estruturas de bases de conhecimentos baseadas em ontologias: Estes quadros utilizam ontologias para representar e organizar o conhecimento de uma forma estruturada e formal. As ontologias definem os conceitos, relações e propriedades num domínio e fornecem um vocabulário partilhado para os agentes comunicarem e raciocinarem. A construção de ontologias e o seu preenchimento com conhecimentos relevantes pode ser uma tarefa complexa e morosa, exigindo conhecimentos especializados no domínio. medida que o número de agentes e a complexidade do domínio aumentam, a gestão e manutenção de uma base de conhecimentos baseada em ontologias em grande escala pode tornar-se um desafio. As ontologias podem ter limitações na representação de certos tipos de conhecimento, especialmente quando se trata de informação dinâmica ou sensível ao contexto (Giannakis & Louis, 2016).

Estruturas de bases de conhecimentos baseadas em regras: Estes quadros utilizam regras ou sistemas de produção para representar o conhecimento e inferir novas informações com base nas regras definidas. Os agentes aplicam regras lógicas para tomar decisões e realizar acções. Os sistemas baseados em regras podem tornar-se complexos e difíceis de gerir à medida que o número de regras aumenta. Podem também surgir conflitos e incoerências entre regras. Os quadros baseados em regras podem não ter capacidade para lidar com a incerteza e o raciocínio probabilístico, que podem ser importantes em ambientes dinâmicos e incertos. A definição de regras exige a codificação explícita do conhecimento, o que pode ser um desafio e exigir um grande esforço manual (Aref et al., 2022).

Web semântica e dados ligados: Estes quadros tiram partido das tecnologias da Web semântica, como o quadro de descrição de recursos (RDF) e a linguagem de consulta SPARQL, para representar e ligar fontes de conhecimento distribuídas. Os princípios dos dados ligados garantem a interconectividade e a partilha de conhecimentos entre diferentes agentes e sistemas. Integrar e alinhar conhecimentos de diversas fontes com representações e ontologias variáveis pode ser uma tarefa complexa. medida que o volume e a variedade de dados ligados aumentam, a consulta e o raciocínio sobre bases de conhecimentos de dados ligados em grande escala podem tornar-se computacionalmente dispendiosos.

A partilha e o acesso a conhecimentos de fontes externas podem suscitar preocupações em matéria de confiança, privacidade e segurança. Raciocínio baseado em casos: As estruturas de Raciocínio Baseado em Casos (CBR) armazenam experiências passadas de resolução de problemas (casos) e recuperam casos relevantes para resolver novos problemas. Os casos captam conhecimentos e soluções que podem ser reutilizados e adaptados. Encontrar casos relevantes e semelhantes a partir de uma grande biblioteca de casos pode ser um desafio, especialmente em ambientes complexos e dinâmicos. Representar e adaptar casos a novos problemas pode exigir conhecimentos especializados no domínio, e codificar casos de forma a permitir a generalização e a adaptação efectiva pode ser difícil. Na ausência de casos existentes, a aquisição e incorporação de casos iniciais na base de conhecimentos pode ser demorada ou exigir esforço manual (Giannakis & Louis, 2016).

É importante notar que a escolha de um quadro de base de conhecimentos para os MAS depende dos requisitos específicos do sistema, da natureza do domínio e das capacidades e limitações das tecnologias disponíveis. As abordagens híbridas que combinam vários quadros ou quadros personalizados adaptados a requisitos específicos de MAS também são normalmente utilizadas para resolver as limitações das abordagens individuais (Dehuri & Cho, 2010).

2.4 Tecnologias e ferramentas relevantes

Seguem-se algumas tecnologias e ferramentas mais relevantes para a construção de um quadro baseado no conhecimento para um sistema multiagente:

Gráficos de conhecimento: Tecnologias como o Neo4j ou o Apache Jena podem ser utilizadas para criar e gerir gráficos de conhecimento, que fornecem uma forma flexível e eficiente de representar e consultar relações complexas entre entidades.

Tecnologias de registo distribuído (DLT): As DLT, como as cadeias de blocos ou as bases de dados distribuídas, podem ser utilizadas para manter uma base de conhecimentos partilhada e imutável entre vários agentes, garantindo a confiança e a coerência do sistema.

Quadros de agentes inteligentes: Quadros como o BDI4JADE ou Jason+CArtAgO fornecem abstracções e ferramentas de nível superior para o desenvolvimento de agentes inteligentes com crenças, desejos e intenções, facilitando a representação do conhecimento e o raciocínio.

Protocolos de comunicação: Podem ser utilizados protocolos de comunicação padrão como HTTP, MQTT ou AMQP para permitir a comunicação entre agentes, permitindo-lhes trocar conhecimentos e colaborar eficazmente.

Plataformas de computação em nuvem: As plataformas de computação em nuvem, como AWS, Azure ou Google Cloud, podem fornecer infra-estruturas e serviços escaláveis para o alojamento e a implantação de sistemas multiagentes, permitindo a computação e o armazenamento eficientes do conhecimento (Natasha & Violeta, 2012).

APIs de processamento de linguagem natural (PNL): Serviços como o Processamento de Linguagem Natural do Google Cloud, o IBM Watson ou o spaCy fornecem modelos pré-treinados e APIs para executar várias tarefas de PNL, incluindo análise de texto, análise de sentimentos e reconhecimento de entidades.

Ferramentas de integração de dados: Ferramentas como o Apache Kafka ou o Apache Nifi podem facilitar a integração de dados de várias fontes no sistema multiagente, permitindo que os agentes acedam e utilizem uma vasta gama de conhecimentos.

Ferramentas de colaboração: Plataformas de colaboração como o Slack, o Microsoft Teams ou o Jira podem apoiar a comunicação e a colaboração em tempo real entre agentes, promovendo a partilha de conhecimentos e a coordenação eficazes.

Ferramentas de simulação: As estruturas de simulação, como AnyLogic ou NetLogo, podem ser utilizadas para simular e testar o comportamento de sistemas multi-agentes, permitindo avaliar a eficácia da estrutura baseada no conhecimento.

Bibliotecas de visualização: Bibliotecas como a D3.js ou a Matplotlib podem ajudar a visualizar o conhecimento e as interações dentro do sistema multiagente, fornecendo informações e ajudando na interpretação de informações complexas (Hogo et al., 2010).

Não esquecer que a seleção de tecnologias e ferramentas deve basear-se nos requisitos, restrições e objectivos específicos do nosso sistema multiagente baseado no conhecimento (Sivarajah et al., 2017). O quadro 2.1 apresenta uma comparação das plataformas de simulação baseadas em agentes. Neste quadro, a comparação das plataformas de simulação baseadas em agentes é feita em função da linguagem, da velocidade de execução, da documentação, das facilidades de aprendizagem e do domínio principal. As plataformas de simulação de agentes são Mason1, Repast 2, Netlogo3 e Swarm4.

Tabela 2.1: Comparação de plataformas de simulação baseadas em agentes

Critérios/Plataforma	Pedreiro 1	Repasto 2	NetLogo 3	Enxame 4
Língua	Java	Java, C++, Python	Logótipo	Objetivo C Java
Velocidade de execução	Moderado	Rápido	Moderado	Lento
Documentação	Bom	Pobres	Grande	Bom
Instalações de aprendizagem	Moderado	Moderado	Moderado	Moderado
Domínio primário	Social Ciências	Social Ciências	Objetivo geral	Objetivo geral

Tabela 2.2: Ferramentas e área de Web Mining

Ferramentas	Área de extração da Web	Língua suportada	Apoiado O S	Caraterísticas
Ecrã Raspador	Extração de conteúdos da Web	Java Python, ASP.NET	Linux, Windows	A raspagem do ecrã é o procedimento de recolha de dados de visualização do ecrã de um utilitário e a sua tradução para qualquer outro utilitário que os possa mostrar.
Extrator de conteúdo Web	Extração de conteúdos da Web	Python	Janelas	Esta ferramenta é utilizada para extrair dados de um sítio Web seguro . Multithread O descarregamento é outra caraterística deste software.
Mozenda	Extração de conteúdos da Web	Java	Janelas	Com a ajuda da ferramenta Mozenda, os clientes podem extrair informações de diferentes sítios Web e fundir as informações num único conjunto de informações. Atualmente, esta ferramenta suporta a extração de documentos em vários formatos, como MS-Excel, PDF, MS-Word, etc.
Informação Web Extrator	Web Conteúdo	Não sei	Janelas	Significa tarefas de extração, execução em vários canais ao mesmo tempo, procura de páginas e recuperação de novidades.
Péssimo	Extração de conteúdos da Web	Python	Linux, Windows, Mac OS, BSD	O Scrappy tem um processo incorporado chamado seletor para extrair os dados dos sítios Web.
R	Extração	Python,	Linux,	O R oferece uma vasta combinação de

	de dados de utilização da Web	Ruby, Perl	Windows, Mac OS	ferramentas para a análise de dados. O R é uma linguagem de programação fácil e bem estruturada que contém instruções e funções de controlo
Sistema de filtragem de informações de sítios Web	Extração de dados de utilização da Web	Java	Janelas	Esta ferramenta define automaticamente um conjunto de ideais que permitem descobrir estilos interactivos.
Minerador de utilização da Web	Extração de dados de utilização da Web	Java	Linux, Windows	Esta ferramenta ajuda a descobrir os estilos de navegação, a visualização, a criar um diário de bordo e a criar um registo básico.
Madeira vermelha	Extração de dados de utilização da Web	Java	Linux, Windows	Redwood é uma ferramenta para registo na Web baseada em ASP e de código aberto.

As ferramentas utilizadas para a extração de dados na Web são apresentadas na tabela 2.2. As várias ferramentas comparadas na tabela 2.2 são o Screen-Scaper, o Web Content Extrator, o Mozenda, o Web Info Extrator, o Crappy, o R, o Web Site Information Filter System, o Web utilization miner e o Redwood. As vantagens e desvantagens das ferramentas são apresentadas na tabela 2.3. As ferramentas em análise são o R, o Scrapy e o TIBCO Statistica (R).

Quadro 2.3: Vantagens e desvantagens das ferramentas

Ferramenta	Vantagens	Desvantagens
R	Independente da plataforma, código aberto, operações de aprendizagem automática, suporte para manipulação de dados, plotagem e gráficos de qualidade, conjunto de pacotes, estatística, crescimento contínuo	Tratamento de dados, segurança básica, linguagem complicada, origem fraca, baixa velocidade
Sucata	Estrutura de aplicações multiplataforma facilmente extensível, rápida e robusta	O Scrapy é apenas para Python 2.7. +, instalação diferente para diferentes sistemas operativos
TIBCO Statistica (R)	Exploração de dados científicos, Alto desempenho, Integração estatística, Facilidade de utilização e criação de relatórios visuais, Design e disposição mais atractivos para análise, Organização e organização de grandes volumes de dados	Integrar com R para análise estatística e previsão utilizando os dados

2.5 Resumo

Em suma, a construção de uma estrutura baseada no conhecimento para um sistema multiagente envolve a utilização de um conjunto diversificado de tecnologias e ferramentas para facilitar a representação eficiente do conhecimento, a comunicação, a coordenação e o raciocínio entre os agentes. Neste capítulo, discutimos os sistemas multiagentes, o imperativo da sua utilização, os obstáculos inerentes à sua implementação, as suas caraterísticas distintivas, as aplicações em vários domínios, as metodologias predominantes, bem como as tecnologias e ferramentas pertinentes em análise.

CAPÍTULO 3

3.1 Conceção da investigação

A conceção da investigação deste estudo envolve o desenvolvimento e a implementação de uma estrutura baseada no conhecimento para um sistema multiagente na extração de dados na Web. A conceção da investigação engloba várias fases, incluindo a recolha de dados, a conceção da arquitetura do sistema, a conceção da base de conhecimentos, a interação dos agentes, a comunicação e os detalhes da implementação (Williams et al., 2009). As etapas da conceção detalhada do MAKB são apresentadas na figura 3.1. A primeira etapa consiste na engenharia do conhecimento para determinar e organizar o conteúdo da KB, a segunda implementa o esquema de representação e a terceira implementa a meta-estrutura da KB.

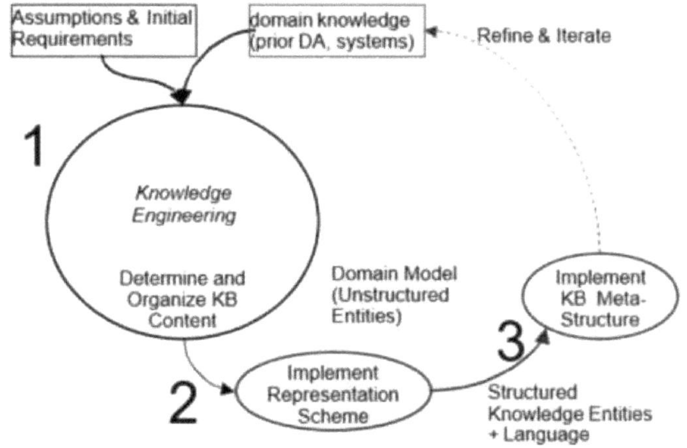

Figura 3.1: Metodologia do Quadro Baseado no Conhecimento (KBFM)

3.1.1 Análise dos requisitos

Para analisar eficazmente os sistemas multiagentes na extração de dados na Web, é crucial compreender primeiro os requisitos desses sistemas. A análise dos requisitos é uma fase importante no desenvolvimento de qualquer sistema de software, uma vez que ajuda a identificar as necessidades e expectativas das partes interessadas e fornece uma base para a conceção e implementação do sistema. No contexto dos sistemas multiagentes na prospeção da Web, a análise dos requisitos desempenha um papel vital na definição das funcionalidades e dos objectivos dos agentes envolvidos.

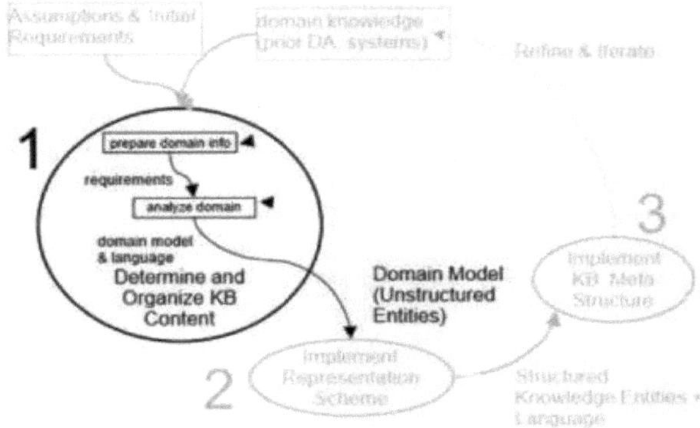

Figura 3.2: Processo de engenharia de domínios

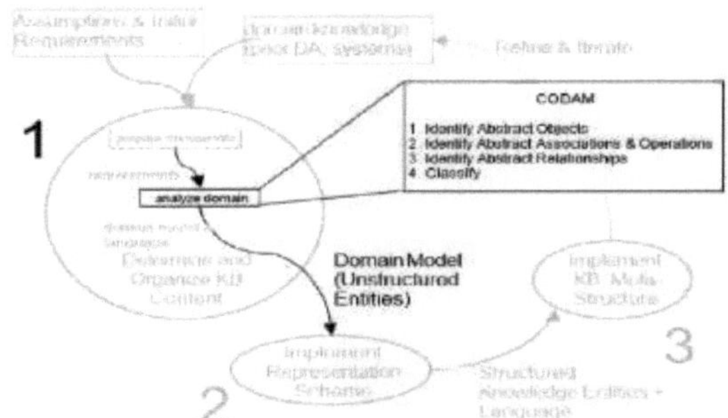

Figura 3.3: Fase 1 do KBFM - Sub-Metodologia do Quadro Baseado no Conhecimento

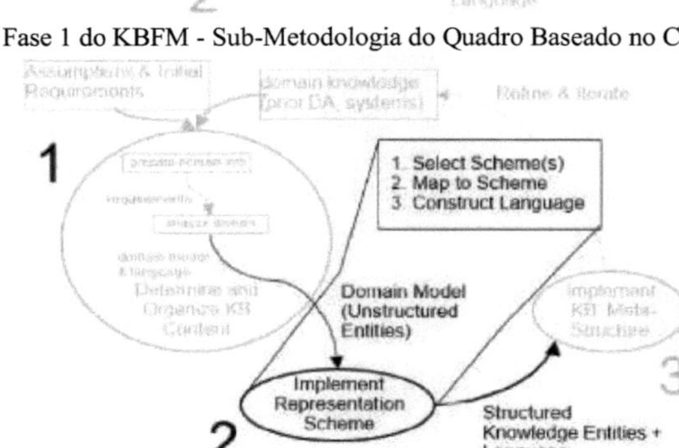

Figura 3.4: KBFM Fase 2 - Implementação do esquema de representação

O processo de engenharia do domínio é apresentado na figura 3.2, que determina e organiza Conteúdo da KB, para preparar a informação do domínio e para analisar o domínio. A sub-metodologia da fase 1 do quadro baseado no conhecimento é apresentada na figura 3.3, para identificar objectos abstractos, identificar associações e operações abstractas e identificar relações abstractas.

A fase 2 implementa o esquema de representação do quadro baseado no conhecimento

A metodologia KBFM (KBFM) é apresentada na figura 3.4 para determinar as entidades e a linguagem do conhecimento estruturado. A implementação da fase 3 da KBFM é apresentada na figura 3.5. A figura ilustra esta etapa, bem como a etapa de refinamento e iteração, uma etapa

subsequente que coloca o sistema de base de conhecimentos resultante na posição de um sistema existente no início de uma nova KBFM.
ciclo.

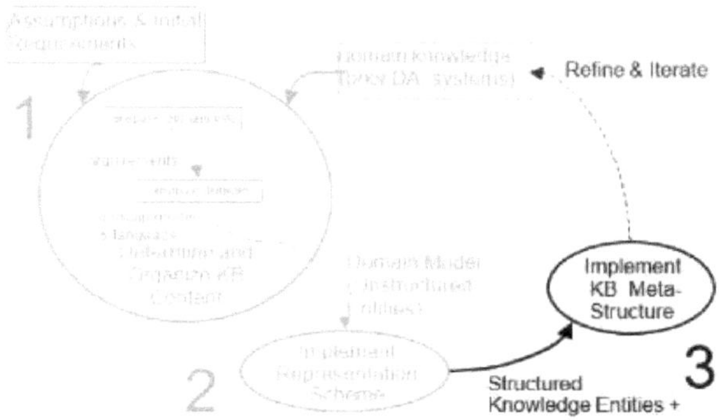

Figura 3.5: KBFM Fase 3 - Implementação da Meta-Estrutura KB

3.1.2 Requisitos de funcionalidade

Os requisitos de funcionalidade dos sistemas multiagentes na extração de dados na Web giram em torno das capacidades e tarefas que os agentes devem realizar. Estes requisitos podem ser categorizados em dois aspectos principais: recolha e análise de dados.

Recolha de dados: Os agentes nos sistemas de extração da Web são responsáveis pela recolha de dados da Web. Isto inclui tarefas como o rastreio da Web, a extração de dados e o pré-processamento de dados. Os requisitos para a recolha de dados envolvem a especificação dos tipos de dados a recolher, as fontes a partir das quais os dados devem ser obtidos, a frequência da recolha de dados e os mecanismos para tratar o conteúdo dinâmico da Web.

Análise de dados: Uma vez recolhidos os dados, os agentes analisam-nos para extrair informações e conhecimentos significativos. Os requisitos para a análise de dados envolvem a definição dos algoritmos e técnicas a utilizar para a extração de dados, a análise de texto, os sistemas de recomendação e outras tarefas relevantes. Além disso, o sistema deve suportar escalabilidade e desempenho para lidar com grandes volumes de dados de forma eficiente (Giannakis & Louis, 2011).

3.1.3 Requisitos de interação

Os sistemas multiagentes envolvem interações entre múltiplos agentes autónomos e a definição dos requisitos de interação é crucial para garantir uma colaboração e coordenação eficazes. Os requisitos de interação podem ser classificados em duas categorias principais: interações agente-agente e interações agente-ambiente. Os agentes em sistemas multiagentes precisam de comunicar e colaborar uns com os outros para atingirem os seus objectivos. Os requisitos para as interações agente-agente incluem a especificação dos protocolos de comunicação, formatos de mensagem e mecanismos de coordenação. Isto também envolve a definição das funções e responsabilidades de cada agente e os processos de tomada de decisão a utilizar.

Os agentes interagem com o ambiente Web para recolher dados e efetuar tarefas de análise. Os requisitos para as interações agente-ambiente envolvem a especificação das interfaces e API para aceder a recursos Web, o tratamento de diferentes tipos de conteúdos Web (por exemplo, HTML, XML, JSON) e a gestão de questões relacionadas com a segurança, a privacidade e a conformidade da Web (Kravari et al., 2009).

3.1.4 Requisitos dos objectivos

Os requisitos de objectivos definem os objectivos e resultados que o sistema multiagente pretende alcançar. No contexto da prospeção na Web, os requisitos de objectivos podem variar em função do domínio de aplicação específico. Alguns requisitos de objectivos comuns incluem:

- Recuperação de informação: O sistema tem por objetivo recuperar informações relevantes da Web com base em consultas do utilizador ou em critérios de pesquisa predefinidos.
- Descoberta de conhecimentos: O sistema tem por objetivo descobrir padrões, tendências e relações nos dados da Web para obter informações e gerar novos conhecimentos.
- Recomendação e personalização: O sistema tem como objetivo fornecer recomendações personalizadas com base nas preferências do utilizador, no histórico de navegação e noutros dados relevantes.
- Extração de opiniões: O sistema visa analisar o conteúdo gerado pelo utilizador na Web, como críticas e publicações nas redes sociais, para extrair opiniões.
- Deteção de fraudes e segurança: O sistema visa identificar actividades fraudulentas, conteúdos maliciosos e ameaças à segurança na Web (Karemente et al., 2009).

Os requisitos do objetivo devem ser bem definidos e alinhados com as necessidades e expectativas das partes interessadas, tais como utilizadores, peritos no domínio e decisores.

3.1.5 Requisitos não funcionais

Para além dos requisitos de funcionalidade, interação e objectivos, há requisitos não funcionais que têm de ser considerados na análise de sistemas multiagentes na prospeção da Web, tais como os requisitos de escalabilidade e desempenho, que devem ser capazes de tratar eficazmente os dados da Web em grande escala, assegurando a recolha e análise atempadas dos dados, o que aborda os atributos de qualidade e as restrições do sistema. Para construir um MAS eficaz, é necessário recolher dados relevantes. Estes dados podem incluir informações sobre o ambiente em que os agentes irão operar, as tarefas ou problemas que o MAS pretende resolver e quaisquer dados disponíveis sobre o comportamento ou as caraterísticas dos próprios agentes. Os métodos de recolha de dados podem variar consoante a aplicação ou o domínio específico do MAS. A recolha de dados é uma etapa crucial no desenvolvimento de um sistema multiagente (MAS), uma vez que fornece as informações necessárias para que os agentes tomem decisões informadas e executem as suas tarefas de forma eficaz. No contexto do MAS, a recolha de dados envolve a recolha de dados relevantes de várias fontes que são necessários para os agentes operarem e atingirem os objectivos do sistema. Eis algumas considerações fundamentais para a recolha de dados em MAS (Karemente et al., 2009):

- Identificar os requisitos de dados: Comece por identificar os requisitos de dados específicos para o MAS. Isto inclui determinar os tipos de dados necessários, como texto, imagens, vídeos ou dados estruturados, bem como os atributos e propriedades que precisam de ser recolhidos. Por exemplo, num MAS de extração da Web, os requisitos de dados podem incluir conteúdo de páginas Web, interações de utilizadores, publicações em redes sociais ou ligações de rede.
- Determinar as fontes de dados: Identificar as fontes adequadas a partir das quais os dados necessários podem ser recolhidos. Isto pode incluir sítios Web públicos, plataformas de redes sociais, APIs, bases de dados ou outras fontes relevantes. Considere a disponibilidade, acessibilidade e legalidade das fontes de dados. Assegurar a conformidade com quaisquer políticas de utilização de dados ou requisitos legais que regem o processo de recolha de dados (He et al., 2009).
- Rastreio e raspagem de dados: Consoante a natureza das fontes de dados, podem ser utilizadas técnicas como a recolha de dados através de rastreio e raspagem na Web. Os Web crawlers podem navegar automaticamente através de páginas Web, seguindo ligações e extraindo dados relevantes. A raspagem envolve a extração de informações específicas de páginas Web utilizando técnicas como a análise de HTML ou a integração de API. Deve-se ter o cuidado de respeitar os termos de serviço e as políticas de utilização dos sítios Web visados durante o processo de rastreio e raspagem.
- Pré-processamento de dados: Os dados recolhidos podem necessitar de pré-processamento

antes de poderem ser utilizados pelos agentes. As tarefas de pré-processamento podem envolver a limpeza dos dados para remover ruídos, o tratamento de valores em falta ou inconsistentes, a normalização ou transformação de dados ou a extração de caraterísticas para extrair informações relevantes. Os objectivos do pré-processamento de dados são
para garantir a qualidade e a utilidade dos dados para o EAM (Evans & Ali, 2013).

- Fluxo de dados em tempo real: Em alguns casos, pode ser necessária a recolha de dados em tempo real, especialmente quando se lida com fontes de dados dinâmicas ou em rápida mudança. Técnicas como o fluxo de dados ou a recolha de dados baseada em eventos podem ser utilizadas para recolher e processar dados à medida que estes ficam disponíveis. A recolha de dados em tempo real permite que os agentes respondam rapidamente às alterações e tomem decisões atempadas.
- Integração de dados: Os dados recolhidos de várias fontes podem ter de ser integrados para proporcionar uma visão global do ambiente do sistema. Isto envolve a combinação de dados de diferentes formatos, estruturas ou plataformas numa representação unificada que pode ser utilizada pelos agentes. A integração de dados garante que os agentes têm acesso a uma visão holística e coerente dos dados do sistema.
- Privacidade e segurança dos dados: As considerações relativas à privacidade e segurança dos dados são cruciais durante o processo de recolha de dados. Assegurar a conformidade com os regulamentos de proteção de dados e as orientações éticas. Implementar medidas de segurança adequadas para proteger os dados sensíveis e impedir o acesso não autorizado ou a utilização indevida (Butler et al., 2007).
- Armazenamento e gestão de dados: Estabelecer uma infraestrutura de armazenamento e gestão de dados para armazenar e organizar os dados recolhidos. Dependendo do volume e complexidade dos dados, as considerações podem incluir sistemas de base de dados, armazenamento distribuído, armazenamento em nuvem ou outras soluções de armazenamento e implementar práticas de gestão de dados, tais como backup de dados, controlo de versões e arquivamento de dados para garantir a disponibilidade e integridade dos dados. A recolha de dados no MAS é um processo iterativo que pode exigir monitorização, atualização e aperfeiçoamento contínuos à medida que o sistema evolui. É essencial avaliar regularmente a qualidade e a relevância dos dados recolhidos e fazer os ajustes necessários para garantir que o MAS funcione com informações precisas e actualizadas (Ali & Farooqui, 2022).

3.2 Arquitetura do sistema

A arquitetura do sistema refere-se à estrutura e organização globais do sistema. A escolha da arquitetura do sistema depende do domínio do problema, do número de agentes envolvidos e do nível desejado de coordenação e cooperação.

3.2.1 Arquitetura do sistema para um sistema multi-agente

A arquitetura do sistema de um sistema multiagente (MAS) define a estrutura e a organização globais do MAS, incluindo a forma como os agentes estão ligados, como interagem entre si e como comunicam e colaboram para atingir os objectivos do sistema. A conceção de uma arquitetura de sistema adequada é crucial para o funcionamento eficiente e eficaz do MAS. Seguem-se algumas considerações fundamentais para a conceção da arquitetura do sistema de MAS: - Tipos de agentes e funções: Identificar os tipos de agentes necessários para o MAS e definir as suas funções e responsabilidades. Os diferentes agentes podem ter funções especializadas, como a recolha de dados, a análise de dados, a tomada de decisões ou a comunicação. Atribuir funções específicas aos agentes com base nas suas competências e capacidades para garantir um sistema bem coordenado e eficiente (Moteleb et al., 2009).

- Infraestrutura de comunicação: Determinação da infraestrutura de comunicação para permitir a interação e a troca de informações entre agentes. Isto pode envolver a definição de protocolos de comunicação, formatos de mensagem e canais de comunicação. Os agentes devem ser capazes de enviar e receber mensagens, partilhar dados e colaborar eficazmente. Considere factores como a velocidade da comunicação, a fiabilidade e os requisitos de segurança.

- Mecanismos de Coordenação: Estabelecer mecanismos para coordenar as acções dos agentes dentro do sistema. Isto pode envolver a definição de protocolos de coordenação, mecanismos de negociação ou algoritmos de consenso. Os mecanismos de coordenação garantem que os agentes trabalham em conjunto para atingir os objectivos do sistema e resolver conflitos, e tomar decisões colectivas (Smuts et al., 2009).
- Interação agente-ambiente: Definição da forma como os agentes interagem com o ambiente em que operam. Os agentes devem ser capazes de perceber e recolher informações sobre o ambiente, realizar acções que afectem o ambiente e receber feedback ou actualizações do ambiente. Esta interação permite que os agentes adaptem os seus comportamentos com base na evolução do ambiente.
- Partilha e gestão do conhecimento: Determinar como o conhecimento é partilhado e gerido dentro do MAS. Os agentes podem ter as suas próprias bases de conhecimento ou aceder a uma base de conhecimento partilhada. Estabelecer mecanismos de troca de conhecimentos, atualização da informação e garantia da consistência e coerência dos conhecimentos em todo o sistema. A partilha e a gestão do conhecimento facilitam a colaboração e a tomada de decisões entre os agentes (Govindu & Chinnam, 2010),
- Escalabilidade e extensibilidade: Considerar a escalabilidade e a extensibilidade da arquitetura do sistema. A arquitetura deve ser capaz de acomodar um número crescente de agentes ou alterações nos tipos de agentes sem modificações significativas. Deve também permitir a adição de novas funcionalidades ou módulos à medida que o sistema evolui ou surgem novos requisitos.
- Robustez e tolerância a falhas: Conceber a arquitetura do sistema para ser robusta e resistente a falhas ou perturbações. Incorporar mecanismos de tolerância a falhas, tratamento de erros e recuperação. Os agentes devem ser capazes de se adaptar a situações inesperadas, recuperar de falhas e continuar a funcionar num modo degradado, se necessário.
- Integração com sistemas externos: Considerar a integração do MAS com sistemas ou serviços externos. Isto pode envolver a ligação a bases de dados, APIs da Web ou outros recursos externos para aceder a dados ou executar tarefas específicas. Assegurar a compatibilidade e a interoperabilidade entre o MAS e os sistemas externos (Fitch et al., 2018).
- Segurança e privacidade: Abordar as questões de segurança e privacidade na arquitetura do sistema. Implementar medidas para proteger informações sensíveis, garantir a confidencialidade dos dados e impedir o acesso não autorizado ou actividades maliciosas. Considerar mecanismos de autenticação, técnicas de cifragem e políticas de controlo do acesso para salvaguardar o MAS. A arquitetura do sistema do MAS deve ser concebida tendo em conta a flexibilidade, a modularidade e a eficiência. Deve fornecer uma base sólida para a interação, colaboração e tomada de decisões dos agentes, acomodando simultaneamente os requisitos e objectivos específicos do MAS. A avaliação e o aperfeiçoamento regulares da arquitetura do sistema podem ser necessários à medida que o MAS evolui e se adapta às novas necessidades e desafios (Samirmi et al., 2013).

3.2.2 Conceção baseada no conhecimento

A base de conhecimentos é uma componente crucial dos MAS, uma vez que contém a informação e as regras que regem o comportamento dos agentes. A base de conhecimentos pode ser representada utilizando várias técnicas, tais como sistemas baseados em regras, ontologias ou modelos de aprendizagem automática. A conceção da base de conhecimentos envolve a identificação dos conhecimentos relevantes e a sua codificação num formato que os agentes possam utilizar para a tomada de decisões (Gurov et al., 2022). A base de conhecimentos funciona como um repositório central de conhecimentos que os agentes podem consultar para adquirir, organizar e utilizar conhecimentos relevantes para as suas tarefas. Seguem-se algumas considerações fundamentais para a conceção da base de conhecimentos em MAS:

- Representação do conhecimento: Determinar o esquema de representação do conhecimento adequado para o MAS. Isto pode incluir sistemas baseados em regras, ontologias, redes semânticas ou outros formalismos de representação do conhecimento. A escolha da representação depende da natureza do domínio, da complexidade do conhecimento e das capacidades de raciocínio exigidas pelos agentes.

- Aquisição de conhecimentos: Identificar as fontes e os métodos de aquisição de conhecimentos para preencher a base de conhecimentos. Isto pode envolver a aquisição manual de conhecimentos de especialistas, a extração de conhecimentos de fontes textuais ou a aprendizagem a partir de dados utilizando técnicas de aprendizagem automática. Considerar a fiabilidade, a exatidão e a exaustividade dos conhecimentos adquiridos (Fitch et al., 2018).
- Organização do conhecimento: Estabelecimento de uma estrutura e organização para a base de conhecimento. Isto envolve a organização do conhecimento em categorias, classes ou hierarquias que reflectem as relações e dependências entre diferentes conceitos. A organização deve facilitar a recuperação eficiente e o raciocínio dentro da base de conhecimento.
- Integração de conhecimentos: Conceber mecanismos para integrar e partilhar conhecimentos entre agentes se o MAS envolver múltiplos agentes com as suas próprias bases de conhecimentos. Isto pode envolver a definição de uma ontologia ou vocabulário comum que permita aos agentes comunicar e compreender os conhecimentos uns dos outros. Considerar mecanismos para resolver conflitos ou inconsistências no conhecimento ao integrar as bases de conhecimento de diferentes agentes (Kardas et al., 2018).
- Atualização e manutenção de conhecimentos: Definição dos processos de atualização e manutenção da base de conhecimentos ao longo do tempo. À medida que novos conhecimentos se tornam disponíveis ou que o sistema evolui, devem ser criados mecanismos para incorporar as alterações na base de conhecimentos. Isto pode incluir a atualização de regras, a adição de novos conceitos ou a revisão dos conhecimentos existentes com base no feedback ou na aprendizagem das interações.
- Inferência e raciocínio: Determinar os mecanismos de raciocínio que os agentes podem utilizar para obter novos conhecimentos ou efetuar inferências com base na base de conhecimentos existente. Isto pode envolver o raciocínio baseado em regras, o raciocínio lógico, o raciocínio probabilístico ou outras formas de inferência. Os agentes devem ser capazes de aplicar mecanismos de raciocínio para resolver problemas, tomar decisões ou gerar novos conhecimentos (Vistbakka & Troubitsyna, 2021).
- Explicação e transparência: Conceber a base de conhecimentos para fornecer explicações ou justificações para as decisões ou acções dos agentes. Isto pode aumentar a transparência e facilitar a depuração ou a auditoria do sistema. Considerar mecanismos para gerar explicações com base no conhecimento subjacente e nos processos de raciocínio.
- Recuperação e pesquisa de conhecimentos: Permitir capacidades eficientes de recuperação e pesquisa na base de conhecimentos. Os agentes devem poder consultar a base de conhecimentos para recuperar informações relevantes, recuperar regras ou padrões que se apliquem a situações específicas ou pesquisar conhecimentos relevantes para apoiar a tomada de decisões ou a resolução de problemas.
- Validação e avaliação do conhecimento: Estabelecer mecanismos para validar e avaliar os conhecimentos armazenados na base de conhecimentos. Isto pode envolver técnicas como a validação de regras, verificações de consistência ou avaliação em relação a conjuntos de dados de referência. A validação regular garante a precisão e a fiabilidade da base de conhecimentos. A conceção da base de conhecimentos é um processo iterativo que pode exigir um aperfeiçoamento e melhoria contínuos à medida que o MAS evolui e encontra novos desafios. São necessárias avaliações e actualizações regulares da base de conhecimentos para garantir a sua eficácia e relevância no apoio às tarefas dos agentes e aos processos de tomada de decisão (Yanti et al., 2018).

3.3 Interação e comunicação entre agentes

A interação e a comunicação eficazes entre os agentes são essenciais para o êxito dos MAS. Os agentes devem ser capazes de trocar informações, coordenar as suas acções, negociar e resolver conflitos. Podem ser utilizados vários protocolos e mecanismos de comunicação, como a passagem de mensagens, a memória partilhada ou a comunicação em rede. A escolha do método de comunicação depende de factores como a complexidade do sistema, a velocidade da comunicação e o nível de privacidade necessário. A comunicação e a coordenação dos agentes são aspectos críticos dos sistemas multiagentes, em que os agentes autónomos interagem entre si para atingir objectivos comuns, trocar informações e coordenar as suas acções. Esta tese fornece uma visão abrangente da comunicação e coordenação de agentes, explorando vários modelos de comunicação, protocolos e mecanismos de coordenação utilizados em sistemas multiagentes (Balaji & Srinivasan, 2010).

3.4 Modelo de comunicação do agente

A comunicação eficaz é um requisito fundamental em vários domínios, incluindo a interação humana e os sistemas multiagentes. Esta tese apresenta uma análise aprofundada do modelo de comunicação utilizado no contexto da troca de informações e da coordenação entre agentes.

3.4.1 Modelo de comunicação ponto-a-ponto

No modelo de comunicação ponto-a-ponto, os agentes interagem diretamente entre si através da troca de mensagens. Os agentes comunicam numa base de um para um, em que um agente remetente transmite uma mensagem a um agente destinatário específico. A comunicação um-para-um é um modelo de comunicação fundamental em vários domínios, permitindo a interação direta entre duas entidades. Este relatório fornece uma visão abrangente da comunicação um-para-um, explorando as suas caraterísticas, protocolos, vantagens e aplicações em diferentes contextos (Moreira, 2021).

3.4.2 Caraterísticas da comunicação um-a-um

O modelo de comunicação um-para-um possui várias caraterísticas-chave que o distinguem de outros modelos de comunicação:

- Interação direta: A comunicação um-para-um envolve a interação direta entre duas entidades, como indivíduos, dispositivos ou agentes autónomos. Estabelece uma ligação dedicada canal de troca de informações entre o emissor e o recetor.
- Comunicação personalizada: A comunicação individual permite uma interação personalizada adaptada às necessidades e preferências específicas dos participantes. Permite a entrega de mensagens direcionadas e respostas individualizadas.
- Responsabilidade individual: Na comunicação um-para-um, o emissor e o recetor são claramente responsáveis pela troca de informações. Cada participante é responsável pelas suas próprias mensagens e respostas, garantindo transparência e clareza no processo de comunicação.
- Protocolos de comunicação um-a-um: São utilizados vários protocolos e mecanismos para facilitar a comunicação um-para-um. Estes protocolos regem o formato, as regras e os procedimentos para a troca de informações entre o remetente e o destinatário. Alguns dos protocolos mais utilizados são (Sotnik, 2018):
- Protocolo de pedido-resposta: O protocolo de pedido-resposta é um mecanismo amplamente utilizado na comunicação um-para-um. Segue um padrão simples em que uma entidade, o requerente, envia uma mensagem de pedido a outra entidade, o respondente, e espera por uma mensagem de resposta correspondente. Este protocolo assegura uma troca sincronizada de informações e permite uma coordenação eficiente entre os participantes.
- Protocolos de mensagens: Os protocolos de envio de mensagens, como o Simple Mail Transfer Protocol (SMTP) ou o Extensible Messaging and Presence Protocol (XMPP), permitem a comunicação um-a-um em vários domínios, incluindo o correio eletrónico, as mensagens instantâneas e as aplicações de conversação em tempo real. Estes protocolos definem normas para a formatação, entrega e tratamento de mensagens, assegurando uma comunicação fiável entre o

remetente e o destinatário (Gurov et al., 2022).

• Protocolos de comunicação de voz e vídeo: Na comunicação de voz e vídeo, protocolos como o Protocolo de Iniciação de Sessão (SIP) e o Protocolo de Transporte em Tempo Real (RTP) facilitam a comunicação um-a-um. Estes protocolos tratam de tarefas como o estabelecimento de sessões, a codificação/decodificação de media e a gestão da qualidade do serviço, permitindo trocas de áudio e vídeo em tempo real entre os participantes (Herrera-Viedma et al., 2005).

3.4.3 Vantagens e aplicações da comunicação um-a-um

A comunicação um-a-um oferece várias vantagens em diversos cenários:

• Privacidade e confidencialidade: A comunicação um-para-um permite trocas privadas e confidenciais, uma vez que o canal de comunicação é dedicado apenas ao remetente e ao destinatário pretendido. Isto garante que as informações sensíveis permanecem seguras e restritas às partes visadas (Herrera-Viedma et al., 2005).

• Interação personalizada: A comunicação individual permite uma interação personalizada, permitindo que os participantes abordem preocupações específicas, troquem mensagens individualizadas e forneçam respostas adaptadas. Isto promove um sentimento de envolvimento e melhora a qualidade da comunicação.

• Clareza e exatidão: Com a comunicação um-para-um, existe um risco reduzido de má interpretação ou mal-entendido, uma vez que as mensagens são transmitidas diretamente entre o emissor e o recetor. Isto promove uma troca de informações clara e exacta, minimizando o potencial de erros de comunicação.

A comunicação um-para-um é amplamente aplicada em vários domínios, incluindo:

• Comunicação pessoal: Na comunicação pessoal, a comunicação um-para-um é utilizada para actividades como chamadas telefónicas, mensagens de texto e chats de vídeo, permitindo que os indivíduos se liguem e comuniquem diretamente.

• Apoio ao cliente: A comunicação um-a-um é utilizada em cenários de apoio ao cliente, permitindo que os clientes interajam com os representantes de apoio através de canais dedicados, como chamadas telefónicas, chat em direto ou correio eletrónico. Isto facilita a personalização assistência e resolução de problemas (Rodnguez et al., 2015).

3.5 Colaboração empresarial

A colaboração empresarial refere-se à parceria estratégica entre duas ou mais organizações para atingir objectivos comuns, partilhar recursos e potenciar os pontos fortes de cada uma. Esta tese tem como objetivo fornecer uma visão abrangente da colaboração empresarial, os seus benefícios, desafios e factores-chave para uma colaboração bem sucedida. Os benefícios da Colaboração Empresarial são:

• Aumento da inovação: A colaboração promove a troca de ideias, conhecimentos e experiência, conduzindo a soluções inovadoras e ao desenvolvimento de novos produtos/serviços.

• Alcance de mercado alargado: As parcerias com outras empresas permitem o acesso a novos segmentos de clientes, mercados e canais de distribuição.

• Redução de custos: A colaboração permite a partilha de recursos, infra-estruturas e custos, resultando em ganhos de eficiência e redução de despesas.

• Mitigação de riscos: Ao partilhar riscos e responsabilidades, as empresas podem navegar pelas incertezas e mitigar potenciais perdas (Gao et al., 2015).

3.6 Detalhes de implementação

A implementação do MAS envolve a tradução do projeto e das especificações em código executável. Esta fase envolve a programação dos agentes individuais, a criação da infraestrutura de comunicação e a integração dos diferentes componentes do sistema. Os detalhes da implementação podem variar consoante a linguagem de programação, o quadro de desenvolvimento e as ferramentas escolhidas para o projeto. Seguem-se alguns aspectos chave a considerar durante a implementação do MAS. Desenvolver agentes individuais de acordo com as suas funções e responsabilidades definidas. Isto implica escrever código que permita aos agentes desempenharem as suas tarefas, interagirem com outros agentes e comunicarem com os componentes do sistema. Implementar comportamentos de agentes, processos de tomada de decisão e protocolos de comunicação, conforme especificado no projeto.

Implementar a arquitetura do sistema, incluindo a infraestrutura de comunicação, os mecanismos de coordenação e a base de conhecimentos. Isto pode implicar o desenvolvimento de módulos ou componentes que facilitem a comunicação entre agentes, gerem a partilha de conhecimentos e apoiem a coordenação e a interação entre agentes (Park & Sugumaran, 2005). Integrar as implementações de agentes individuais e os componentes da arquitetura do sistema num MAS coeso. Assegurar que os agentes podem interagir e comunicar eficazmente, partilhar conhecimentos e coordenar as suas acções para atingir os objectivos do sistema. Verificar se a integração mantém a funcionalidade e o comportamento pretendidos do MAS.

Implementar as funcionalidades necessárias de processamento e gestão de dados exigidas pelo MAS. Tal pode implicar o pré-processamento dos dados recolhidos, o armazenamento e a recuperação de dados de bases de dados ou de outros sistemas de armazenamento e a gestão dos fluxos de dados entre os agentes e a base de conhecimentos. Implementar técnicas de tratamento de dados, como a limpeza, a transformação e a extração de caraterísticas, conforme necessário (Kardas et al., 2018). Integrar o MAS com sistemas ou serviços externos, conforme necessário. Tal pode envolver a ligação a bases de dados, API da Web ou outros recursos externos para recuperar dados, executar tarefas específicas ou trocar informações. Implementar as interfaces ou adaptadores necessários para facilitar a integração perfeita com sistemas externos.

Efetuar testes e depuração exaustivos do MAS implementado. Isto inclui testes unitários de agentes individuais, testes de interações de agentes, validação de protocolos de comunicação e verificação do funcionamento correto do sistema global. Resolver quaisquer erros ou problemas identificados e garantir que o MAS funciona como esperado. Otimizar o desempenho do MAS para garantir a execução eficiente e atempada das tarefas. Isto pode implicar a identificação e resolução de estrangulamentos, a otimização de algoritmos ou estruturas de dados, a paralelização de cálculos ou a utilização de mecanismos de armazenamento em cache. Esforçar-se por conseguir uma utilização óptima dos recursos, capacidade de resposta e escalabilidade. Documentar os detalhes da implementação, incluindo documentação de código, diagramas de arquitetura do sistema e quaisquer diretrizes ou instruções relevantes para manutenção e actualizações futuras. Assegurar que o código está bem organizado, é legível e segue as melhores práticas. Estabelecer mecanismos de controlo de versões para acompanhar as alterações e facilitar a manutenção do código (Bolisani & Bratianu, 2018).

Preparar o MAS para ser implementado no ambiente pretendido. Isto inclui o empacotamento do código, a configuração das dependências ou bibliotecas necessárias e a abordagem de quaisquer requisitos específicos da implementação. Considere factores como a escalabilidade, segurança e fiabilidade ao implementar o MAS. Se o MAS exigir uma interface de utilizador, desenvolva os componentes da IU para permitir que os utilizadores interajam com o sistema. Conceber e implementar interfaces intuitivas que facilitem a interação do utilizador, a visualização de dados ou a configuração dos parâmetros do MAS. Ao longo do processo de implementação, seguir os princípios e práticas da engenharia de software, como a modularização, a reutilização do código e a adesão às normas de codificação. Testar e validar regularmente o MAS implementado em relação aos requisitos e casos de utilização definidos para garantir a sua funcionalidade, desempenho e fiabilidade (Moteleb et al., 2009).

3.7 Resumo

Este capítulo apresentou uma metodologia utilizada no desenvolvimento e implementação de um sistema multiagente. A conceção da investigação engloba fases como a recolha de dados, a conceção da arquitetura do sistema, a conceção da base de conhecimentos, a interação e comunicação dos agentes e os detalhes da implementação. Cada fase desempenha um papel crucial na construção de um MAS eficaz que pode resolver problemas específicos ou questões de investigação. Os capítulos seguintes abordarão os pormenores e os resultados específicos do MAS implementado, discutindo os resultados e as conclusões em relação aos objectivos da investigação.

CAPÍTULO 4

4.1 Métricas de avaliação

Neste capítulo, analisamos a estrutura baseada no conhecimento desenvolvida para o sistema multiagente (MAS) na exploração da Web. A avaliação tem como objetivo avaliar a eficácia, o desempenho e a escalabilidade da estrutura baseada no conhecimento. Para o efeito, definimos métricas de avaliação que medem a qualidade da base de conhecimentos, o desempenho do sistema e a sua escalabilidade. Podem ser consideradas as seguintes métricas de avaliação:

4.1.1 Métricas de qualidade do conhecimento

- Exatidão: Medir a exatidão dos conhecimentos armazenados na base de conhecimentos, comparando-os com a verdade fundamental ou com os pareceres de peritos.
- Completude: Avaliar o grau em que a base de conhecimentos contém informações completas e exaustivas relevantes para o domínio de extração da Web.
- Consistência: Avaliar a ausência de contradições ou conflitos na base de conhecimentos.
- Relevância: Mede o grau em que o conhecimento armazenado na base de conhecimentos é aplicável e útil para as tarefas de extração da Web.
- Atualidade: Avaliar a atualidade e a relevância do conhecimento em relação ao domínio de extração da Web em evolução (N. Das & Kundu, 2018).

4.1.2 Métricas de desempenho do sistema

- Tempo de execução: Mede o tempo que o sistema demora a realizar as tarefas de extração da Web.
- Utilização da memória: Avalia a quantidade de memória consumida pelo sistema durante a execução.
- Produtividade: Avalia o número de tarefas de extração da Web concluídas por unidade de tempo.
- Capacidade de resposta: Mede a capacidade do sistema para fornecer respostas atempadas a consultas ou pedidos de agentes ou utilizadores.
- Utilização de recursos: Avalia a utilização eficiente dos recursos do sistema, como a CPU, memória ou largura de banda da rede.

4.1.3 Métricas de escalabilidade

- Tamanho do conjunto de dados: Medir o desempenho do sistema à medida que o tamanho do conjunto de dados aumenta. Avalie como o sistema lida com volumes maiores de dados.
- Número de agentes: Avaliar o desempenho do sistema à medida que o número de agentes no MAS aumenta. Medir a capacidade do sistema para lidar com o aumento das interações e coordenação dos agentes (Wang et al., 2022).
- Complexidade da tarefa: Avaliar o desempenho do sistema à medida que a complexidade da tarefa de extração da Web aumenta. Medir a forma como o sistema lida com tarefas computacionais mais exigentes.

4.1.4 Métricas de precisão

- Precisão: Mede a proporção de resultados de extração da Web corretamente classificados ou identificados.
- Recuperação: Avaliar a proporção de resultados relevantes da prospeção web corretamente identificados ou recuperados.
- Pontuação F1: Combina a precisão e a recuperação numa única métrica para fornecer uma avaliação global da exatidão do sistema.

4.1.5 Métricas de satisfação do utilizador

- Experiência do utilizador: Avaliar a satisfação do utilizador com o desempenho do sistema, a facilidade de utilização e a usabilidade geral.
- Taxa de conclusão de tarefas: Mede a percentagem de tarefas de prospeção da Web concluídas com êxito, tal como percebidas pelos utilizadores.

• Feedback do utilizador: Recolher feedback qualitativo dos utilizadores para obter informações sobre as suas experiências e identificar áreas a melhorar.

Estas métricas de avaliação fornecem uma avaliação abrangente do desempenho, da eficácia, da escalabilidade e da satisfação do utilizador da estrutura da base de conhecimentos. As métricas específicas escolhidas podem variar em função dos objectivos da investigação, dos requisitos do sistema e dos recursos disponíveis (Bolisani & Bratianu, 2018).

4.2 Instalação experimental

A configuração experimental para avaliar o quadro baseado no conhecimento no contexto de um sistema multiagente (MAS) na extração da Web implica a definição dos componentes, conjuntos de dados, configurações e procedimentos necessários para realizar as experiências. Eis os elementos-chave da configuração experimental:

Selecionar conjuntos de dados adequados que representem o domínio da prospeção da Web e abranjam uma gama diversificada de tipos e caraterísticas de dados. Os conjuntos de dados devem ser representativos de cenários do mundo real e incluir atributos ou caraterísticas relevantes para as tarefas de extração da Web. Assegurar que os conjuntos de dados são corretamente anotados ou rotulados para efeitos de avaliação. Inicializar a base de conhecimentos com um conjunto predefinido de conhecimentos ou utilizar conjuntos de dados existentes, se aplicável. Preencher a base de conhecimentos com informações relevantes relacionadas com o domínio de extração da Web, incluindo regras, padrões ou conhecimentos específicos do domínio. Assegurar que o processo de inicialização reflecte cenários do mundo real e está alinhado com os objectivos da investigação (Karemente et al., 2009). Configurar o MAS, definindo o número e os tipos de agentes, as suas funções e responsabilidades. Especificar os protocolos de comunicação e os mecanismos de coordenação entre os agentes. Definir os parâmetros e as definições do quadro baseado no conhecimento, como o motor de inferência, os algoritmos de raciocínio ou os mecanismos de atualização. Assegurar que a configuração do MAS reflecte a funcionalidade e os objectivos desejados do quadro baseado no conhecimento (Chikwanda & Qata, 2022). Definir as tarefas específicas de extração da Web a realizar pelo MAS utilizando o quadro baseado no conhecimento. Estas tarefas podem incluir a extração de dados, a classificação, o agrupamento, a análise de sentimentos ou quaisquer outras operações relevantes de extração de dados na Web. Especificar os critérios de avaliação para cada tarefa, como a exatidão, a precisão, a recuperação ou outras métricas de desempenho. Implementar mecanismos para monitorizar o desempenho do MAS durante a execução das tarefas de extração da Web. Recolher dados sobre o tempo de execução, a utilização da memória, a utilização da CPU ou outros indicadores de desempenho relevantes. Registar as métricas de desempenho para cada tarefa e interação de agentes (Amine & Ahmed-Nacer, 2011).

4.3 Abordagens de base e de comparação

Estabelecer abordagens de base ou quadros de comparação para avaliar o desempenho do quadro baseado no conhecimento. Isto pode incluir a comparação do desempenho do quadro com as técnicas de extração da Web existentes, algoritmos ou abordagens de ponta. Assegurar que as abordagens de base ou de comparação são representativas e adequadas para a avaliação. Executar as tarefas de extração da Web utilizando o MAS e o quadro baseado no conhecimento. Capturar e registar os resultados de cada tarefa, incluindo quaisquer saídas ou resultados relevantes. Assegurar o controlo adequado e a aleatorização das experiências para minimizar o enviesamento e garantir a reprodutibilidade (Chiu & Tsai, 2020). Analisar os resultados obtidos nas experiências utilizando técnicas estatísticas ou analíticas adequadas. Avaliar o desempenho do quadro baseado no conhecimento com base nas métricas de avaliação definidas. Comparar os resultados com abordagens de base ou de comparação para avaliar a eficácia do quadro.

Efetuar testes estatísticos para determinar a significância estatística dos resultados. Isto ajuda a validar as diferenças de desempenho entre o quadro baseado no conhecimento e as abordagens de base ou de comparação. Assegurar que a análise estatística é adequada para as métricas de

avaliação e a configuração experimental. Repetir as experiências com diferentes conjuntos de dados, configurações MAS ou parâmetros para garantir a fiabilidade e a generalização dos resultados. Validar os resultados obtidos em várias experiências para reforçar as conclusões retiradas da avaliação. A configuração experimental deve ser bem documentada, incluindo os pormenores dos conjuntos de dados, as configurações do MAS, as tarefas experimentais, as métricas de desempenho e os procedimentos de análise. É crucial seguir as diretrizes éticas e obter todas as aprovações ou consentimentos necessários ao utilizar conjuntos de dados do mundo real ou ao envolver
sujeitos humanos nas experiências.

4.4 Exemplos de quadros baseados no conhecimento

Eis alguns exemplos específicos de quadros baseados no conhecimento em vários domínios.

4.4.1 MYCIN

Desenvolvido na década de 1970 por Allen Newell, o MYCIN foi um dos primeiros sistemas baseados no conhecimento utilizados no diagnóstico médico e no tratamento de infecções bacterianas. Utilizava conhecimentos especializados em microbiologia e terapia antibiótica para recomendar antibióticos adequados com base nos sintomas do doente e nos resultados dos testes laboratoriais. O MYCIN, um sistema baseado no conhecimento pioneiro no domínio dos cuidados de saúde, tinha várias limitações e vantagens. As vantagens do MYCIN são o facto de permitir que os conhecimentos especializados dos especialistas em doenças infecciosas sejam captados e disponibilizados a um leque mais alargado de profissionais de saúde. Proporcionou o acesso a conhecimentos e raciocínios especializados de uma forma consistente e sistemática, reduzindo a dependência de peritos individuais. O MYCIN oferecia apoio à decisão atempado e consistente, ajudando os médicos em tarefas de diagnóstico complexas. Podia processar rapidamente grandes quantidades de dados de pacientes e resultados laboratoriais, fornecendo sugestões de diagnóstico e recomendações de tratamento num período relativamente curto. Ao automatizar partes do processo de diagnóstico, o MYCIN tinha como objetivo reduzir os erros humanos e as inconsistências no processo de tomada de decisão. Proporcionou uma abordagem estruturada à análise da informação, melhorando a exatidão e a consistência dos diagnósticos. O MYCIN também serviu como uma ferramenta educacional, ajudando a formar estudantes de medicina e clínicos, expondo-os a conhecimentos e raciocínios especializados no campo das doenças infecciosas. Forneceu informações sobre o processo de diagnóstico e as estratégias de tratamento, contribuindo para a educação e formação médicas (Dragoni, 1992).

Embora o MYCIN tivesse limitações, lançou as bases para os avanços subsequentes nos sistemas baseados no conhecimento e inspirou mais investigação e desenvolvimento no domínio dos sistemas médicos especializados. As suas contribuições e lições aprendidas abriram caminho para sistemas mais sofisticados e adaptáveis nos cuidados de saúde e noutros domínios. O MYCIN centrou-se especificamente no diagnóstico e na recomendação de tratamentos para infecções bacterianas, principalmente no domínio das doenças infecciosas. As suas capacidades de conhecimento e raciocínio estavam adaptadas a esta área específica e não eram facilmente adaptáveis a outras condições ou especialidades médicas. O MYCIN não tinha a capacidade de aprender ou atualizar a sua base de conhecimentos de forma dinâmica. Baseava-se na experiência e nos conhecimentos disponíveis na altura do seu desenvolvimento e exigia actualizações manuais por peritos humanos para incorporar novas informações ou avanços médicos. O MYCIN não lidava eficazmente com as incertezas associadas aos diagnósticos médicos. Baseava-se em regras determinísticas e não dispunha de mecanismos explícitos para lidar com o raciocínio probabilístico ou com informações incompletas ou contraditórias. Embora o MYCIN fornecesse recomendações e planos de tratamento, a sua capacidade para explicar o seu raciocínio e justificar as suas decisões era limitada. Esta falta de transparência e de explicação fez com que fosse difícil para os médicos confiarem e compreenderem os resultados do sistema (Samanta et al., 2022).

4.4.2 Sistemas de pontuação de crédito

Muitas instituições financeiras utilizam quadros baseados no conhecimento para desenvolver modelos de notação de crédito. Estes quadros incorporam conhecimentos especializados e dados históricos para avaliar a fiabilidade creditícia dos mutuários e determinar a probabilidade de incumprimento. Os sistemas de pontuação de crédito, amplamente utilizados no sector financeiro, têm vantagens e limitações. As vantagens dos sistemas de pontuação de crédito são o facto de fornecerem um método objetivo e coerente para avaliar a solvabilidade dos mutuários. Baseiam-se em regras e algoritmos pré-definidos, eliminando os preconceitos subjectivos que podem resultar de avaliações manuais efectuadas por cada mutuante. Os sistemas de pontuação de crédito automatizam o processo de avaliação, permitindo decisões de crédito rápidas e eficientes. Ao analisar os dados do candidato em relação a modelos de crédito estabelecidos, estes sistemas podem fornecer avaliações de crédito quase instantâneas, facilitando aprovações de empréstimos mais rápidas e reduzindo os tempos de processamento. Os sistemas de pontuação de crédito ajudam os mutuantes a avaliar o risco associado à concessão de crédito aos mutuários. Ao considerar vários factores, como o historial de crédito, o comportamento de pagamento, as dívidas pendentes e o rendimento, estes sistemas geram pontuações de risco que ajudam os mutuantes a determinar a probabilidade de incumprimento ou delinquência.

Os sistemas de pontuação de crédito aplicam critérios consistentes a todos os candidatos, garantindo um tratamento justo e reduzindo o potencial de discriminação. Estes sistemas avaliam os mutuários com base em factores objectivos e não em julgamentos subjectivos, promovendo a justiça e a transparência nas práticas de empréstimo. Os sistemas de pontuação de crédito podem processar grandes volumes de pedidos de crédito de forma eficiente, tornando-os escaláveis para instituições financeiras que lidam com um elevado número de pedidos de empréstimo. Podem processar e avaliar vários perfis de crédito em simultâneo, permitindo aos mutuantes gerir eficazmente carteiras mais vastas (Sathiyamoorthi, 2020).

As limitações dos sistemas de pontuação de crédito residem no facto de se basearem principalmente em dados históricos de crédito e em atributos numéricos, como o historial de crédito e de pagamentos. Podem não ter em conta informações contextuais que poderiam fornecer informações adicionais sobre a solvabilidade de um candidato, tais como acontecimentos recentes da vida ou alterações da situação financeira. Os sistemas de pontuação de crédito funcionam com base em modelos e regras de crédito predefinidos. Podem não se adaptar facilmente à evolução das condições de mercado, às novas tendências de crédito ou às alterações nos critérios de concessão de crédito. Consequentemente, estes sistemas podem ficar para trás na captação de novos factores de risco ou na avaliação de perfis de crédito não tradicionais. Os sistemas de pontuação de crédito centram-se normalmente em dados quantificáveis e podem ter dificuldade em incorporar factores não materiais que possam ter impacto na solvabilidade, como o carácter pessoal, o historial profissional ou a experiência no sector. Estes factores podem exigir uma avaliação subjectiva e um julgamento humano que ultrapassa o âmbito dos modelos de pontuação de crédito. Embora os sistemas de pontuação de crédito forneçam decisões de crédito ou classificações de risco, nem sempre oferecem explicações pormenorizadas sobre os factores que contribuem para esses resultados (Suma, 2020).

Esta falta de transparência pode tornar difícil para os mutuários compreenderem as razões subjacentes às recusas de crédito ou às condições desfavoráveis. Embora os sistemas de pontuação de crédito tenham como objetivo eliminar os preconceitos, existe o risco de os incorporar inadvertidamente se os dados históricos de crédito reflectirem uma discriminação sistémica ou práticas de empréstimo desiguais. Se os dados utilizados para treinar modelos de crédito contiverem enviesamentos, podem perpetuar resultados de empréstimos injustos e discriminação. As instituições financeiras devem estar conscientes destas limitações e monitorizar e melhorar continuamente os seus sistemas de pontuação de crédito para atenuar os enviesamentos, melhorar as suas capacidades de previsão e considerar informações adicionais que possam fornecer uma avaliação mais holística da capacidade de crédito.

4.4.3 Diagnóstico automatizado de falhas

As estruturas baseadas no conhecimento são utilizadas nas indústrias transformadoras para automatizar o diagnóstico de falhas em sistemas complexos. Estes quadros integram conhecimentos do domínio, dados de sensores e regras de diagnóstico para identificar e resolver falhas em máquinas e equipamentos. Os sistemas automatizados de diagnóstico de avarias, utilizados em vários sectores, como o fabrico e a manutenção, oferecem vantagens e enfrentam certas limitações. As vantagens do diagnóstico automático de avarias são a possibilidade de analisar rapidamente grandes quantidades de dados provenientes de sensores, registos de equipamentos ou registos históricos. Através da aplicação de algoritmos e regras predefinidas, estes sistemas podem detetar e diagnosticar com precisão falhas em máquinas ou sistemas, levando a uma identificação mais rápida dos problemas e reduzindo o tempo de inatividade (Shadabi & Sharma, 2008). Os sistemas automatizados de diagnóstico de avarias proporcionam uma abordagem normalizada à deteção e diagnóstico de avarias. Utilizam regras e algoritmos consistentes em diferentes instâncias, garantindo que as falhas são detectadas com base em critérios predefinidos, minimizando a subjetividade humana ou as inconsistências no processo de diagnóstico. Estes sistemas podem monitorizar continuamente o estado e o desempenho de equipamentos ou sistemas.

Ao analisar dados em tempo real, podem detetar rapidamente anomalias ou desvios do comportamento esperado, permitindo uma manutenção ou intervenção proactiva para evitar falhas ou avarias mais significativas. Os sistemas automatizados de diagnóstico de avarias captam e aproveitam o conhecimento especializado, os procedimentos de resolução de problemas e as regras de diagnóstico. Ao codificar estes conhecimentos no sistema, podem ser partilhados e utilizados por diferentes equipas, locais ou turnos, assegurando práticas de diagnóstico consistentes e facilitando a transferência de conhecimentos. A deteção e o diagnóstico atempados de falhas podem resultar em poupanças de custos, minimizando o tempo de inatividade do equipamento, prevenindo falhas catastróficas e optimizando os calendários de manutenção. Ao identificar precocemente as falhas, é possível programar uma manutenção proactiva, reduzindo os custos de reparação e melhorando a eficiência operacional global (Suma, 2020).

As limitações do diagnóstico automático de avarias residem no facto de algumas avarias ou falhas poderem envolver interações complexas entre vários componentes ou subsistemas, o que torna difícil a sua deteção precisa através de regras ou algoritmos predefinidos. Os cenários de falhas imprevistos ou as combinações de falhas podem exigir conhecimentos humanos ou abordagens de diagnóstico adaptativas que ultrapassam as capacidades dos sistemas automatizados (M. Zhang et al., 2006). A eficácia dos sistemas automatizados de diagnóstico de avarias depende em grande medida da qualidade e da disponibilidade dos dados. Dados inadequados ou ruidosos, falhas de sensores ou informações em falta podem impedir a deteção e o diagnóstico precisos de avarias. Garantir a qualidade dos dados e colmatar as suas lacunas é crucial para o funcionamento fiável destes sistemas. Os sistemas automatizados de diagnóstico de avarias concentram-se normalmente na análise dos dados dos sensores ou nas métricas de desempenho do equipamento, faltando muitas vezes uma compreensão contextual das condições de funcionamento mais amplas ou dos factores externos que podem contribuir para as avarias. A consideração das condições ambientais, dos padrões de utilização ou das influências externas pode exigir informações contextuais adicionais ou o julgamento humano. Algumas falhas podem surgir devido a interações complexas entre múltiplos componentes ou subsistemas de um sistema maior. Os sistemas automatizados de diagnóstico de falhas podem ter dificuldade em captar e analisar estas interdependências de forma abrangente. A identificação de falhas resultantes de comportamentos emergentes ou de interações ao nível do sistema pode exigir técnicas avançadas de modelização ou simulação.

Os sistemas automatizados de diagnóstico de avarias podem enfrentar desafios na adaptação a ambientes em mudança ou a configurações de equipamento em evolução. Quando o equipamento ou os processos sofrem modificações ou actualizações, o sistema de diagnóstico pode necessitar de actualizações para refletir essas alterações com precisão. É importante conceber cuidadosamente e melhorar continuamente os sistemas automatizados de diagnóstico de avarias, tendo em conta as limitações e abordando os desafios específicos de cada domínio de aplicação. A combinação de diagnósticos automatizados com conhecimentos humanos pode proporcionar uma abordagem mais robusta e abrangente à deteção e diagnóstico de avarias.

4.4.4 Assistentes virtuais de clientes

Os assistentes virtuais de clientes, também conhecidos como chatbots ou agentes virtuais, utilizam estruturas baseadas no conhecimento para prestar apoio ao cliente. São formados em conhecimentos específicos de um domínio e em perguntas frequentes para ajudar os clientes com questões, fornecer recomendações de produtos e resolver problemas comuns. Os assistentes virtuais de clientes (VCAs), também conhecidos como chatbots ou agentes virtuais, oferecem vantagens e enfrentam certas limitações no contexto do serviço ao cliente. As vantagens dos assistentes virtuais de clientes residem no facto de poderem prestar apoio ao cliente 24 horas por dia, respondendo às suas questões e prestando assistência em qualquer altura. Esta disponibilidade garante que os clientes podem receber respostas e apoio imediatos, mesmo fora do horário normal de expediente. Os VCAs podem tratar um grande número de interações com os clientes em simultâneo, o que os torna escaláveis para empresas que lidam com grandes volumes de pedidos de informação. Podem tratar várias conversas em simultâneo sem a necessidade de agentes humanos para gerir cada interação individualmente. Os assistentes virtuais de clientes podem reduzir os custos operacionais das empresas através da automatização das tarefas de apoio ao cliente. Ao tratar de inquéritos de rotina e tarefas repetitivas, os VCAs podem libertar o tempo dos agentes humanos, permitindo-lhes concentrarem-se em questões mais complexas ou especializadas dos clientes. As VCAs fornecem respostas consistentes e padronizadas às consultas dos clientes. Utilizando scripts ou bases de conhecimentos predefinidos, podem fornecer informações consistentes e aderir a políticas estabelecidas, assegurando a uniformidade do serviço ao cliente em diferentes interações. Os assistentes virtuais de clientes podem fornecer respostas quase instantâneas às questões dos clientes, reduzindo os tempos de espera e melhorando a satisfação do cliente. Podem analisar e processar rapidamente os dados dos clientes, prestando assistência imediata ou encaminhando os pedidos de informação para o agente humano adequado, quando necessário (Cabanac et al., 2020).

As limitações dos assistentes virtuais de clientes prendem-se com o facto de poderem ter dificuldade em compreender ou responder adequadamente a questões complexas ou subtis dos clientes. Normalmente, são concebidos para responder a perguntas simples e frequentes e podem não ter a capacidade de compreender situações complexas ou de fornecer soluções profundas e personalizadas. Os VCAs, sendo sistemas automatizados, podem não ter a capacidade de empatia com os clientes ou de compreender as suas emoções com exatidão. Podem não ter a inteligência emocional necessária para lidar com interações sensíveis ou emocionalmente carregadas, que podem ser mais adequadas para agentes humanos. Os VCAs podem enfrentar desafios na compreensão do contexto ou das nuances dos pedidos de informação dos clientes. Os dados ambíguos ou vagos dos clientes podem dar origem a respostas inexactas ou irrelevantes. Podem necessitar de esclarecimentos adicionais ou de intervenção humana para lidar eficazmente com situações complexas ou ambíguas. Os VCAs podem ter dificuldades em lidar com vários idiomas ou com variações na utilização da língua do cliente. Podem ter dificuldade em compreender sotaques regionais, gírias ou expressões linguísticas com nuances, o que pode levar a potenciais barreiras de comunicação ou mal-entendidos. Pode haver situações em que a complexidade do pedido de informação de um cliente exceda as capacidades do VCA. Nesses casos, a VCA deve ser capaz de encaminhar a conversa para um agente humano sem problemas. No entanto, sem uma integração adequada ou mecanismos de transferência, a transição da VCA para um agente humano pode resultar numa experiência do cliente desarticulada. É importante encontrar o equilíbrio certo entre os canais de suporte virtual e humano para maximizar os benefícios das VCAs e, ao mesmo tempo, reconhecer suas limitações. A integração das ACV com os canais assistidos por humanos pode proporcionar uma abordagem híbrida, em que a ACV trata das questões de rotina enquanto os agentes humanos estão disponíveis para interações mais complexas ou sensíveis, assegurando uma experiência do cliente sem descontinuidades (Velkumar & Thendral, 2020).

4.4.5 Sistemas periciais jurídicos

No domínio jurídico, os quadros baseados no conhecimento são utilizados para criar sistemas de peritos jurídicos. Estes sistemas utilizam regras jurídicas, regulamentos e precedentes de casos para prestar aconselhamento jurídico, ajudar na análise de contratos e apoiar a investigação jurídica. Os sistemas periciais jurídicos, que utilizam quadros baseados no conhecimento no domínio jurídico, oferecem vantagens e enfrentam certas limitações. As vantagens dos sistemas de peritos jurídicos são o facto de proporcionarem acesso a conhecimentos e competências jurídicas a um leque mais vasto de utilizadores, incluindo advogados, profissionais do direito e indivíduos sem formação jurídica. Estes sistemas podem tirar partido dos conhecimentos e do raciocínio de peritos jurídicos, permitindo aos utilizadores obter informações e orientações jurídicas sem necessidade de uma investigação jurídica aprofundada. Os sistemas de peritos jurídicos podem automatizar várias tarefas jurídicas, como a análise de contratos, a investigação jurídica e a redação de documentos. Ao utilizar regras e algoritmos predefinidos, estes sistemas podem analisar grandes volumes de informações jurídicas e fornecer resultados rápidos e exactos, poupando tempo e esforço aos profissionais do direito. Os sistemas juridicamente especializados asseguram a coerência e a normalização da análise jurídica e da tomada de decisões. Aplicam o mesmo conjunto de regras e princípios de forma consistente em diferentes casos, minimizando a possibilidade de erro humano ou de interpretações subjectivas. Esta consistência promove a justiça e a uniformidade dos resultados jurídicos. Os sistemas jurídicos especializados podem ser actualizados e mantidos de modo a refletir as alterações legislativas, regulamentares e de precedentes (Velkumar & Thendral, 2020). medida que os quadros jurídicos evoluem, estes sistemas podem incorporar novos conhecimentos e actualizações jurídicas, assegurando que as informações fornecidas permanecem actualizadas e alinhadas com as normas jurídicas em vigor. Os sistemas de peritos jurídicos podem servir como ferramentas educativas para estudantes de direito, advogados principiantes e profissionais do direito. Ao interagirem com o sistema e observarem os seus processos de raciocínio, os utilizadores podem aumentar os seus conhecimentos jurídicos, melhorar as suas capacidades analíticas e obter informações sobre o raciocínio jurídico e a tomada de decisões (Velkumar & Thendral, 2020).

As limitações dos sistemas de peritos jurídicos prendem-se com o facto de poderem ter dificuldade em compreender o contexto mais vasto das questões jurídicas, incluindo as circunstâncias e nuances específicas dos casos individuais. Normalmente, baseiam-se em regras e padrões explícitos e podem não ter a capacidade de considerar factores subjectivos, pormenores contextuais ou desenvolvimentos em tempo real que podem influenciar os resultados jurídicos. Os sistemas de peritos jurídicos podem deparar-se com dificuldades na interpretação de textos jurídicos complexos ou no tratamento de linguagem ambígua. Os documentos jurídicos, os estatutos e a jurisprudência envolvem muitas vezes interpretações subjectivas e ambiguidades que exigem um julgamento e raciocínio humanos que ultrapassam as capacidades dos sistemas automatizados. Os sistemas de peritos jurídicos podem ter dificuldade em lidar com casos jurídicos novos, complexos ou únicos que não se enquadrem no âmbito das suas regras predefinidas ou da sua base de conhecimentos. Estes sistemas são geralmente concebidos para lidar com situações jurídicas de rotina e podem não ter a capacidade de adaptação ou a criatividade necessárias para enfrentar desafios jurídicos sem precedentes. Os sistemas de peritos jurídicos podem ter dificuldades em lidar com juízos éticos, morais ou baseados em valores que são inerentes a determinadas questões jurídicas. As decisões em processos judiciais podem envolver considerações subjectivas e o equilíbrio de interesses concorrentes, o que pode exigir discrição humana e sensibilidade a preocupações éticas (De maio et al., 2011). Os sistemas de peritos jurídicos não podem reproduzir o julgamento diferenciado, a intuição e o pensamento estratégico que os advogados humanos possuem. Estas qualidades são cruciais para a análise jurídica, a negociação e a aplicação de princípios jurídicos a casos específicos. Os profissionais da área jurídica trazem frequentemente um elemento de criatividade e compreensão contextual que não pode ser totalmente captado por sistemas automatizados. Os sistemas jurídicos especializados podem ser ferramentas valiosas no domínio jurídico, ajudando nas tarefas jurídicas de rotina e proporcionando acesso a conhecimentos jurídicos. No entanto, a supervisão e a intervenção humanas continuam a ser essenciais, especialmente em questões jurídicas complexas, casos ambíguos e considerações éticas. A combinação dos pontos fortes dos sistemas de peritos jurídicos com os conhecimentos humanos pode produzir resultados jurídicos mais abrangentes e fiáveis.

4.4.6 Sistemas de gestão do tráfego

Os quadros baseados no conhecimento são aplicados nos sistemas de gestão do tráfego para otimizar o fluxo de tráfego, prever o congestionamento e sugerir percursos alternativos. Estes quadros utilizam dados de tráfego em tempo real, padrões históricos e regras de tráfego para tomar decisões inteligentes com vista a uma gestão eficiente do tráfego, oferecendo vantagens e enfrentando certas limitações. As vantagens dos sistemas de gestão do tráfego são a otimização do fluxo de tráfego, a redução do congestionamento e a melhoria da eficiência global dos transportes. Ao monitorizarem as condições de tráfego em tempo real, estes sistemas podem ajustar a temporização dos sinais, implementar atribuições dinâmicas de faixas de rodagem e fornecer sugestões de percursos alternativos para aliviar o congestionamento e melhorar o fluxo de tráfego (Doniec et al., 2008). Os sistemas de gestão do tráfego contribuem para aumentar a segurança rodoviária através da aplicação de medidas como a coordenação dos sinais de trânsito, a monitorização da velocidade e a deteção de incidentes. Ao reduzir os conflitos de tráfego, minimizar os diferenciais de velocidade e responder prontamente a incidentes, estes sistemas ajudam a reduzir o risco de acidentes e a melhorar a segurança rodoviária em geral. Os sistemas de gestão do tráfego fornecem informações em tempo real aos condutores, permitindo-lhes tomar decisões informadas sobre os seus percursos e planos de viagem. As informações sobre as condições de tráfego, o encerramento de estradas e os percursos alternativos podem ser divulgadas através de painéis de mensagens dinâmicos, aplicações móveis ou sistemas de navegação GPS, permitindo aos condutores escolher os percursos mais eficientes e menos congestionados. Ao otimizar o fluxo de tráfego e reduzir o congestionamento, os sistemas de gestão do tráfego contribuem para os benefícios ambientais. A redução do tempo de paragem e a fluidez do tráfego conduzem a uma diminuição do consumo de combustível e das emissões de gases com efeito de estufa. Além disso, a melhoria do fluxo de tráfego pode reduzir a pegada de carbono global dos sistemas de transporte. Os sistemas de gestão do tráfego geram dados valiosos sobre os padrões de tráfego, os tempos de deslocação e os níveis de congestionamento. Estes dados podem ser utilizados para o planeamento dos transportes, o desenvolvimento de infra-estruturas e a definição de políticas. Ao analisar os dados, as autoridades de transportes podem tomar decisões informadas para melhorar as redes rodoviárias, afetar recursos de forma eficiente e implementar intervenções específicas (Hallinger et al., 2020). As limitações dos sistemas de gestão do tráfego residem no facto de exigirem frequentemente um investimento significativo em infra-estruturas, tais como câmaras de vigilância do tráfego, sensores, redes de comunicação e sistemas de controlo. A implementação e a manutenção de tais infra-estruturas podem ser dispendiosas e morosas, especialmente em zonas urbanas existentes com espaço limitado e infra-estruturas obsoletas. Os sistemas de gestão do tráfego envolvem tecnologias complexas, algoritmos e a integração de vários componentes. A coordenação dos sinais de trânsito, o processamento de dados e os sistemas de comunicação exigem conhecimentos técnicos sofisticados e uma monitorização contínua para garantir um funcionamento correto. Falhas no sistema, falhas de software ou mau funcionamento do hardware podem afetar a eficácia do sistema. Os sistemas de gestão do tráfego são concebidos para otimizar o fluxo de tráfego dentro dos limites da infraestrutura rodoviária existente e da capacidade de transporte. No entanto, têm um controlo limitado sobre factores externos, como as condições meteorológicas, a construção de estradas ou incidentes inesperados. Estes factores podem perturbar o fluxo de tráfego e limitar a eficácia do sistema. A eficácia dos sistemas de gestão do tráfego depende do cumprimento, por parte dos utilizadores, dos itinerários sugeridos, dos limites de velocidade e de outras regras de trânsito. Os condutores podem nem sempre seguir os itinerários recomendados ou obedecer às regras de trânsito, o que pode afetar o fluxo de tráfego previsto e a capacidade do sistema para alcançar os melhores resultados. Os sistemas de gestão de tráfego envolvem a recolha e o processamento de dados sensíveis, incluindo a localização dos veículos, padrões de viagem e informações pessoais. É fundamental garantir a privacidade e a segurança destes dados. Devem ser implementadas salvaguardas e protocolos adequados para proteger contra o acesso não autorizado, violações de dados ou utilização indevida de informações pessoais.

Os sistemas de gestão do tráfego estão em constante evolução com os avanços tecnológicos e a análise de dados. É importante ter em conta estas limitações e abordá-las através da monitorização, manutenção e colaboração contínuas entre as autoridades de transportes, os fornecedores de tecnologia e os utilizadores para maximizar os benefícios e a eficácia dos sistemas de gestão do tráfego (Hallinger et al., 2020).

4.4.7 Diagnóstico de doenças das culturas

Os quadros baseados no conhecimento são utilizados na agricultura para diagnosticar e gerir as doenças das culturas. Incorporam conhecimentos agrícolas, dados de patologia vegetal e análise de sintomas para identificar doenças, recomendar tratamentos e evitar a perda de colheitas. Os sistemas de diagnóstico de doenças das culturas, que utilizam várias tecnologias e técnicas de análise de dados, oferecem vantagens e enfrentam certas limitações (Noulamo et al., 2022). As vantagens dos sistemas de diagnóstico de doenças das culturas são o facto de permitirem a deteção precoce de doenças nas plantas. Ao analisar indicadores de saúde das plantas, como a cor das folhas, a textura e os padrões de crescimento, estes sistemas podem identificar sinais de doenças antes de estas se tornarem visíveis. A deteção precoce permite uma intervenção atempada e medidas preventivas para mitigar as perdas de colheitas. Os sistemas de diagnóstico de doenças das culturas utilizam tecnologias avançadas, como a análise de imagens, a aprendizagem automática e a modelação de dados, para identificar e classificar com precisão as doenças. Estes sistemas podem analisar grandes conjuntos de dados e padrões para diferenciar entre várias doenças, minimizando os erros de diagnóstico e fornecendo recomendações precisas para o tratamento. Os sistemas de diagnóstico de doenças das culturas fornecem aos agricultores e profissionais agrícolas informações atempadas sobre a presença e a gravidade das doenças. Esta informação permite a tomada de decisões informadas relativamente a estratégias de gestão de doenças, incluindo a aplicação de pesticidas, práticas culturais e rotação de culturas, conduzindo a um controlo mais eficaz das doenças e a um melhor rendimento das culturas. O diagnóstico precoce e exato das doenças pode resultar em poupanças de custos para os agricultores. Ao identificar prontamente as doenças, os agricultores podem minimizar as perdas de culturas, otimizar a utilização de recursos e reduzir a aplicação desnecessária de pesticidas ou tratamentos. A gestão eficaz das doenças com base num diagnóstico exato pode levar a uma maior produtividade e rentabilidade das culturas. Os sistemas de diagnóstico de doenças das culturas podem ser implantados em grandes áreas agrícolas e acessíveis a uma vasta gama de utilizadores, incluindo agricultores, consultores agrícolas e investigadores. Estes sistemas podem ser acedidos através de aplicações móveis, plataformas baseadas na Web ou mesmo dispositivos portáteis, o que os torna convenientes e acessíveis a utilizadores em vários locais (Lathabai et al., 2022).

As limitações dos sistemas de diagnóstico das doenças das culturas prendem-se com o facto de poderem não abranger todas as doenças possíveis ou variações de doenças. A exatidão e a eficácia destes sistemas dependem em grande medida da disponibilidade e da qualidade dos dados de formação específicos de cada doença. Algumas doenças raras ou emergentes podem não dispor de dados suficientes para um diagnóstico exato, o que limita a capacidade do sistema para as identificar. O desempenho dos sistemas de diagnóstico das doenças das culturas depende da qualidade e da disponibilidade dos dados utilizados para a formação e a validação. A obtenção de conjuntos de dados fiáveis e representativos pode ser um desafio, especialmente quando se consideram as variações regionais, os tipos de culturas e a dinâmica das doenças. Dados incompletos ou tendenciosos podem afetar a precisão e a generalização do diagnóstico do sistema. Os sistemas de diagnóstico de doenças das culturas podem enfrentar limitações na contabilização de interações complexas entre doenças e factores ambientais. As doenças podem ser influenciadas por factores como a temperatura, a humidade, as condições do solo e as práticas agronómicas. A capacidade do sistema para considerar e incorporar estes factores no processo de diagnóstico pode afetar a precisão da identificação da doença. A interpretação dos sintomas e das imagens das doenças pode exigir conhecimentos especializados e experiência no domínio. Embora os sistemas de diagnóstico de doenças das culturas se esforcem por automatizar o processo, em certos casos pode ser necessária a intervenção humana ou a opinião de peritos para garantir um diagnóstico exato, especialmente em casos de sintomas invulgares ou ambíguos. A eficácia dos sistemas de diagnóstico de doenças das culturas depende das tecnologias subjacentes utilizadas, como os algoritmos de análise de imagem, os modelos de aprendizagem automática e as capacidades de processamento de dados. As limitações tecnológicas, incluindo restrições de hardware, enviesamentos algorítmicos ou limitações nos recursos computacionais, podem afetar o desempenho do sistema e a precisão do diagnóstico. Os sistemas de diagnóstico de doenças das culturas podem ser ferramentas valiosas para os agricultores e profissionais agrícolas na gestão das doenças das culturas. Embora ofereçam vantagens em termos de deteção precoce e precisão, é importante reconhecer as suas limitações e complementá-los com conhecimentos humanos. A integração destes sistemas com observações no terreno, conhecimentos especializados e contexto local pode aumentar a exatidão e a fiabilidade do diagnóstico das doenças das culturas, conduzindo a estratégias mais eficazes de gestão das doenças (Lathabai et al., 2022).

4.4.8 Recrutamento e gestão de talentos

Os quadros baseados no conhecimento podem ajudar nos processos de recrutamento e de gestão de talentos. Utilizam perfis de funções, avaliações de candidatos e algoritmos de correspondência de competências para identificar candidatos adequados, avaliar as suas competências e tomar decisões de contratação informadas. Os sistemas de recrutamento e gestão de talentos, que utilizam tecnologia e abordagens baseadas em dados para atrair, avaliar e reter talentos, oferecem vantagens e enfrentam certas limitações (Liu & Huang, 2022). As vantagens dos sistemas de recrutamento e gestão de talentos são o facto de simplificarem várias fases do processo de contratação, incluindo a publicação de ofertas de emprego, a seleção de candidaturas, a avaliação de candidatos e a marcação de entrevistas. Estes sistemas podem ajudar a poupar tempo e esforço aos recrutadores, gerindo eficientemente grandes volumes de candidaturas e facilitando os processos de seleção de candidatos. Os sistemas de recrutamento permitem que as organizações acedam a um conjunto mais vasto de candidatos, tirando partido de painéis de emprego online, plataformas de redes sociais e bases de dados de talentos. Este alcance mais alargado aumenta as hipóteses de encontrar candidatos qualificados, incluindo candidatos passivos que podem não se candidatar ativamente, mas que podem ser atraídos através de campanhas de recrutamento direcionadas. Os sistemas de gestão de talentos fornecem dados e análises sobre perfis de candidatos, avaliações e métricas de desempenho. Esta abordagem baseada em dados permite aos recrutadores e gestores de contratação tomar decisões mais informadas com base em critérios objectivos, reduzindo a parcialidade e aumentando a probabilidade de selecionar os candidatos que melhor se adequam à função e à organização. Os sistemas de recrutamento podem melhorar a experiência geral do candidato, fornecendo interfaces de fácil utilização, comunicação personalizada e actualizações atempadas ao longo do processo de contratação. Os candidatos podem facilmente submeter candidaturas, acompanhar o seu progresso e receber feedback, levando a uma impressão positiva da organização e potencialmente atraindo os melhores talentos. Os sistemas de gestão de talentos vão para além do recrutamento e apoiam os esforços contínuos de desenvolvimento e retenção de talentos. Estes sistemas podem ajudar na gestão do desempenho, na aprendizagem e desenvolvimento dos colaboradores, no planeamento da sucessão e na progressão na carreira. Ao cultivar e reter os talentos existentes, as organizações podem construir um forte pipeline de talentos internos e reduzir a rotatividade (Lathabai et al., 2022).

As limitações dos Sistemas de Recrutamento e Gestão de Talentos prendem-se com o facto de poderem não captar totalmente as nuances do julgamento humano e das avaliações subjectivas. As competências transversais, a adequação cultural e outros aspectos intangíveis da aptidão dos candidatos para uma função ou organização podem ser difíceis de avaliar apenas através de sistemas automatizados, o que realça a importância da intervenção humana no processo de tomada de decisão. Os sistemas de recrutamento podem ser susceptíveis de enviesamento se não forem cuidadosamente concebidos e monitorizados. Os algoritmos utilizados para a seleção e avaliação de candidatos podem, inadvertidamente, perpetuar preconceitos existentes ou discriminar determinados dados demográficos. As organizações têm de garantir que estes sistemas são construídos tendo em conta a equidade, a inclusão e as considerações éticas, de modo a evitar preconceitos involuntários. Os sistemas de recrutamento e de gestão de talentos baseiam-se, em grande medida, em competências e requisitos profissionais predefinidos. No entanto, em sectores ou funções em rápida evolução, podem surgir competências ou requisitos profissionais que estes sistemas podem não captar adequadamente. As organizações têm de atualizar e adaptar regularmente os seus sistemas de gestão de talentos para dar resposta à evolução da procura de competências e às tendências do sector. A eficácia dos sistemas de recrutamento e gestão de talentos depende das tecnologias subjacentes, das capacidades de integração e da qualidade dos dados (Zheng et al., 2021).

As limitações técnicas, como o tempo de inatividade do sistema, falhas de software ou inconsistências de dados, podem afetar a experiência do utilizador e a capacidade do sistema para fornecer resultados precisos e fiáveis. Os sistemas de recrutamento e gestão de talentos dão muitas vezes prioridade a métricas quantificáveis, tais como qualificações académicas, certificações e indicadores de desempenho profissional mensuráveis. Embora estas métricas forneçam informações úteis, podem não captar totalmente o potencial, a adaptabilidade ou as capacidades futuras dos candidatos. As organizações precisam de equilibrar a confiança nos dados quantitativos com uma avaliação holística das competências dos candidatos e do seu potencial de crescimento. Os sistemas de recrutamento e gestão de talentos oferecem vantagens significativas na otimização dos processos de contratação, na expansão do alcance dos candidatos e no apoio aos esforços de desenvolvimento de talentos. No entanto, as organizações devem estar conscientes das suas limitações e complementar estes sistemas com o julgamento humano, a monitorização contínua e uma abordagem inclusiva para garantir práticas de gestão de talentos justas e eficazes.

Estes exemplos demonstram a vasta gama de aplicações de quadros baseados no conhecimento em diversos domínios, evidenciando a sua capacidade para tirar partido do conhecimento especializado e fornecer soluções inteligentes em vários domínios (Zheng et al., 2021).

4.5 Limitações das abordagens existentes

Existem várias abordagens aos quadros baseados no conhecimento que foram desenvolvidas e aplicadas em vários domínios, incluindo a prospeção da Web. Embora estas abordagens tenham dado contributos significativos para a representação e inferência de conhecimentos, têm também certas limitações que devem ser consideradas. Seguem-se algumas das abordagens existentes mais utilizadas, juntamente com as suas limitações:

4.5.1 Sistemas baseados em regras

Os sistemas baseados em regras representam o conhecimento através de regras "se-então" e utilizam motores de inferência baseados em regras para o raciocínio. São amplamente utilizados em sistemas especializados e sistemas de apoio à decisão. A construção e manutenção de sistemas baseados em regras pode ser morosa e difícil, especialmente quando se trata de bases de conhecimentos em grande escala ou de domínios dinâmicos (S. Chen et al., 2021).

4.5.2 Sistemas baseados em ontologias

Os sistemas baseados em ontologias utilizam ontologias para representar o conhecimento, que fornecem uma representação formal e estruturada dos conceitos, relações e regras do domínio. A construção e manutenção de ontologias para bases de conhecimento em grande escala pode ser complexa e exigir muitos recursos. A construção de ontologias requer peritos no domínio e esforço manual para definir conceitos, relações e axiomas, o que pode ser um processo moroso e propenso a erros (Herrera et al., 2020). A expressividade das ontologias pode ser limitada, o que dificulta a representação de conhecimentos complexos e dependentes do contexto.

4.5.3 Tecnologias da Web Semântica

As tecnologias da Web semântica, como o Resource Description Framework (RDF), a Web Ontology Language (OWL) e a linguagem de consulta SPARQL, fornecem uma estrutura padronizada para representar e consultar o conhecimento na Web (Butler et al., 2007). A construção e a manutenção de bases de conhecimento semânticas baseadas na Web requerem frequentemente esforço manual e conhecimentos especializados, o que dificulta a expansão para domínios de conhecimento grandes e dinâmicos. A recuperação de informações a partir de bases de conhecimento semânticas da Web em grande escala pode ser computacionalmente dispendiosa, levando a tempos de resposta de consulta mais lentos. A adoção e a normalização das tecnologias da Web semântica não foram totalmente concretizadas, resultando em variações na implementação e em desafios de interoperabilidade (S. Chen et al., 2021).

4.5.4 Raciocínio baseado em casos

Os sistemas de raciocínio baseado em casos armazenam e recuperam casos passados como conhecimento e utilizam o raciocínio baseado em semelhanças para resolver novos problemas com base em experiências anteriores. Os sistemas de raciocínio baseado em casos dependem fortemente de casos históricos, o que dificulta o tratamento de situações novas ou de cenários sem precedentes suficientes. O desempenho dos sistemas de raciocínio baseado em casos pode degradar-se à medida que o número de casos aumenta, o que torna difícil o tratamento eficiente de bases de conhecimento de grande escala. A identificação e estruturação de casos relevantes para armazenamento na base de conhecimentos pode ser um processo subjetivo e trabalhoso.

4.5.5 Abordagens baseadas na aprendizagem automática

As técnicas de aprendizagem automática, tais como a aprendizagem supervisionada, a aprendizagem não supervisionada e a aprendizagem profunda, têm sido aplicadas para adquirir conhecimentos a partir de dados de forma automática. Os modelos de aprendizagem automática carecem frequentemente de interpretabilidade, o que dificulta a compreensão do raciocínio subjacente e do processo de tomada de decisões. O desempenho das abordagens baseadas na aprendizagem automática depende em grande medida da qualidade e da representatividade dos dados de formação. Os modelos de aprendizagem automática podem ter dificuldade em generalizar conhecimentos a novos domínios ou em adaptar-se a contextos variáveis sem uma reciclagem extensiva.

Estas abordagens existentes contribuíram significativamente para a representação e inferência de conhecimentos em vários domínios, incluindo a extração de dados na Web. No entanto, também têm limitações em termos de expressividade, escalabilidade, aquisição de conhecimentos e capacidades de generalização. A resolução destas limitações e o desenvolvimento de estruturas de bases de dados mais avançadas é uma área de investigação em curso para melhorar a eficácia e a eficiência da representação do conhecimento e do raciocínio na extração de dados na Web (Smutse et al., 2009).

4.6 Quadro proposto

A base de conhecimentos é o componente fundamental dos sistemas baseados no conhecimento e dos sistemas periciais, englobando informações e métodos que abordam vários problemas. problemas. Para construir um sistema baseado em conhecimento, o foco inicial é o desenvolvimento da base de conhecimento. Posteriormente, o motor de inferência e a interface do utilizador são concebidos com base nas estruturas utilizadas para descrever a base de conhecimentos, como ilustrado na figura 4.1.

Os componentes dos sistemas baseados no conhecimento são a interface com o utilizador, o sistema explicativo, a memória de trabalho, o motor de inferência, a base de conhecimentos, o editor da base de conhecimentos e a interface especializada. O utilizador interage com o sistema através da interface do utilizador. O perito e o engenheiro de conhecimentos interagem com a interface do perito. Um motor de inferência é um programa de computador concebido para extrair respostas ou conclusões de uma base de conhecimentos, de um algoritmo de inferência ou da sua correspondente implementação informática. Funciona no âmbito de uma linguagem de programação, permitindo a execução de etapas de inferência que derivam automaticamente conhecimentos a partir da informação disponível. Quando o conhecimento é expresso num formato lógico padrão, o termo "motor de inferência" pode ser utilizado indistintamente com "dedução".

Sistema explicativo

desenvolve regras para o sistema baseado no conhecimento. O conhecimento é armazenado numa base de conhecimentos. A base de conhecimentos serve de repositório para os conhecimentos específicos do domínio, enquanto o motor de inferência engloba os algoritmos responsáveis pela manipulação dos conhecimentos armazenados na base de conhecimentos. O seu objetivo é resolver os problemas apresentados ao sistema. Além disso, a interface do utilizador foi concebida para proporcionar uma experiência de fácil utilização, facilitando as interações com o sistema na língua preferida do utilizador. A estrutura especializada baseada no conhecimento para um sistema multiagente é apresentada na figura 4.2. É constituída por uma camada de interface com o utilizador, uma camada de agentes múltiplos, uma camada baseada no conhecimento e um espaço de conhecimento ou repositório de dados. A camada de interface com o utilizador é constituída por um agente de refinamento de consultas, um agente de delegação e um agente de interação. O utilizador interage com o sistema através da camada de interface com o utilizador. A interface do utilizador é estabelecida num programa de navegação Web como meio de interação entre os utilizadores e os sistemas de IR. Os utilizadores poderão inserir consultas e visualizar os resultados da RI através do programa de navegação na Internet.

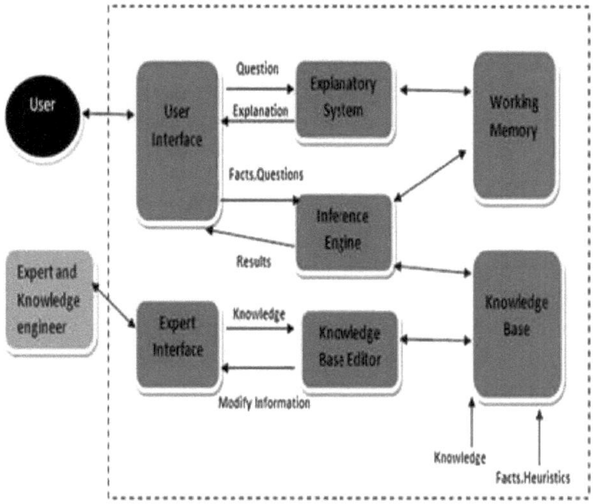

Figura 4.1: Componentes do sistema baseado no conhecimento

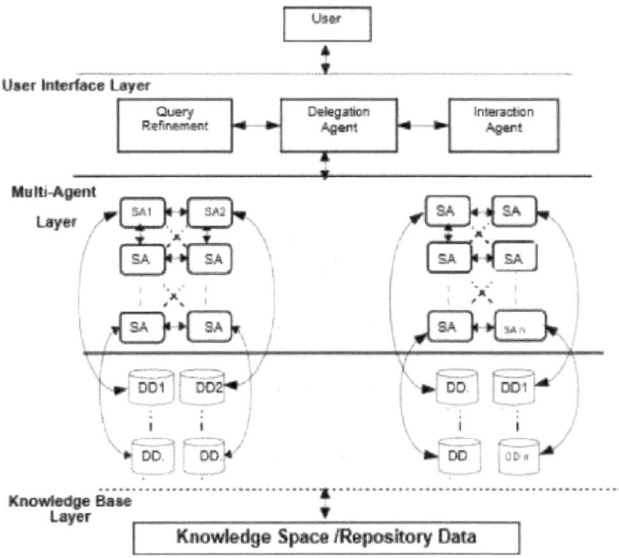

Figura 4.2: Estrutura especializada baseada em conhecimento para sistemas multiagentes

A escolha das formas de representação do conhecimento influencia grandemente a conceção do motor de inferência e da interface do utilizador. A fim de apresentar as formas habitualmente utilizadas pelos seres humanos para representar o conhecimento, esta secção apresenta uma panorâmica das abordagens populares, incluindo sistemas baseados em regras, sistemas baseados em quadros, sistemas baseados em redes semânticas, sistemas baseados em casos, sistemas baseados em modelos, etc. As subsecções seguintes apresentarão descrições concisas destas formas, salientando a sua relevância para a conceção de sistemas baseados no conhecimento. A camada multiagente é composta por vários agentes especializados inteligentes cooperativos, sendo cada agente construído a partir de um algoritmo de RL especializado para realizar a aprendizagem em categorias específicas e captar o comportamento e os interesses do utilizador final. Um agente especializado inteligente é acionado ou iniciado pelo agente delegado na camada de interface para responder à pergunta do utilizador e processar a aprendizagem na camada multiagente

O esquema de representação do conhecimento é apresentado na figura 4.3. É constituído por Domínio

Modelo, ferramenta de agente, modelo de objeto, modelo MAKB, bibliotecas de conhecimento ARAMS. O modelo XML faz a ponte entre o modelo de objectos e as bibliotecas ARAMS.

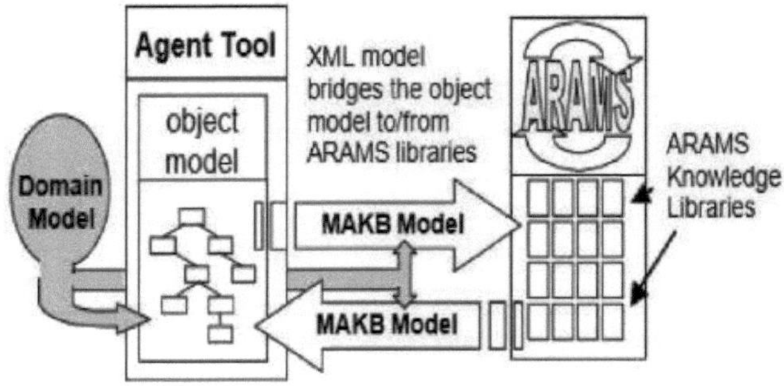

Figura 4.3: Esquema de representação do conhecimento

Uma base de regras é uma coleção de regras que encapsula conhecimentos específicos de um domínio. Estas regras determinam a forma como os dados devem ser processados e são normalmente codificadas na linguagem do programa, residindo na memória do sistema durante a execução do programa. Os sistemas baseados no conhecimento são desenvolvidos através da programação de um conjunto de regras que orientam o computador para a realização de acções específicas com base no estado atual do programa. Os sistemas baseados em regras permitem a conversão do conhecimento humano num formato legível por computador, traduzindo-o num conjunto de regras. Estas bases de regras têm encontrado aplicações extensivas em vários domínios, utilizando regras "se-então". Por exemplo: Regra 1: Se A e C, então Y, Regra 2: Se A e X, então Z, Regra 3: Se B, então X, Regra 4: Se Z, então D. As bases de regras desempenham um papel crucial nos sistemas inteligentes modernos e encontram aplicações na definição de objectivos estratégicos, planeamento, conceção, programação, monitorização de falhas, diagnóstico, etc. Num sistema típico baseado em regras, estão presentes três componentes principais: memória de trabalho, base de regras e motor de inferência, como mostra a figura 4.4. A memória de trabalho representa o conjunto de factos conhecidos sobre o domínio, que pode incluir perfis de utilizadores no contexto do sistema proposto para esta tese.

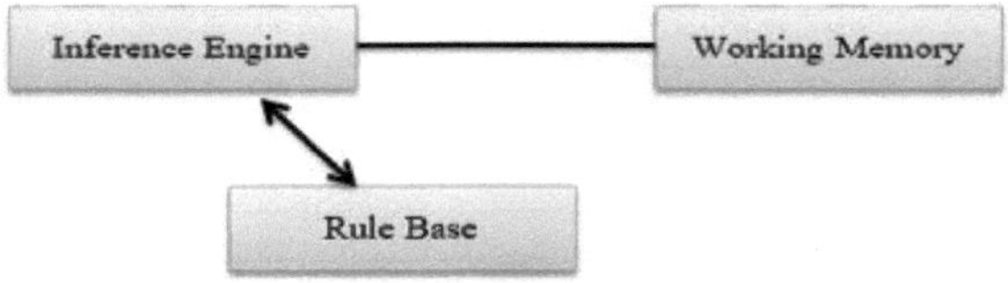

Figura 4.4: Componentes da base de regras

Sistemas baseados em quadros

Uma moldura é uma estrutura de dados que contém conhecimentos específicos sobre um determinado objeto ou conceito. As molduras oferecem uma forma natural e organizada de representar o conhecimento de forma concisa. No contexto dos sistemas periciais, as molduras servem como uma aplicação da programação orientada para objectos. Os sistemas periciais requerem não só o armazenamento de conhecimentos, mas também a validação e a manipulação desses conhecimentos. Por conseguinte, são necessários métodos para incorporar acções nos próprios quadros.

Redes semânticas

As redes semânticas são um esquema de representação simples que utiliza um gráfico composto por nós rotulados e arcos direcionados rotulados para codificar o conhecimento. Numa rede semântica, os nós representam objectos e os arcos representam relações entre esses objectos. É uma técnica alternativa para a representação do conhecimento. A idéia é armazenar o conhecimento na forma de um gráfico, onde os nós representam objetos no mundo e os arcos denotam relações entre esses objetos. Nas redes semânticas, a análise inclui a representação da localização de uma ação como um nó, que está ligado ao nó que representa a própria ação. Por exemplo, a figura 4.5 ilustra um exemplo de representação de uma rede semântica.

Figura 4.5: Um exemplo que ilustra a utilização de redes semânticas

Os sistemas baseados em casos utilizam uma metodologia de resolução de problemas que tira partido de experiências passadas. Esta abordagem baseia-se em soluções, informações e conhecimentos adquiridos a partir de problemas semelhantes previamente resolvidos. A implementação deste método implica a existência de uma base de conhecimentos que contém casos que representam experiências anteriores. Estes casos são normalmente recolhidos de agentes especializados, permitindo a utilização dos seus conhecimentos. Os sistemas baseados em modelos oferecem uma abordagem alternativa à representação do conhecimento, utilizando descrições funcionais e comportamentais. Estas descrições são utilizadas para explicar as operações e os componentes de um sistema, bem como as suas inter-relações. Esta técnica tem aplicação na conceção de sistemas digitais, como é o caso do sistema Smart Draw.

4.7 Desempenho e escalabilidade

O desempenho e a escalabilidade referem-se a dois aspectos fundamentais da capacidade e eficácia de um sistema. O desempenho refere-se à qualidade com que um sistema executa tarefas, funções ou operações. Engloba várias métricas, como velocidade, eficiência, rendimento, tempo de resposta e exatidão. Os sistemas de elevado desempenho fornecem resultados de forma rápida e precisa, satisfazendo ou excedendo as expectativas dos utilizadores. A otimização do desempenho envolve a melhoria destas métricas para melhorar a experiência do utilizador, a eficiência do sistema e a eficácia geral. A escalabilidade refere-se à capacidade de um sistema para lidar com cargas de trabalho crescentes ou exigências crescentes sem sacrificar o desempenho. A escalabilidade garante que o sistema pode acomodar utilizadores, dados ou transacções adicionais, mantendo níveis aceitáveis de desempenho. A escalabilidade horizontal envolve a adição de mais recursos (por exemplo, servidores) para distribuir a carga de trabalho, enquanto a escalabilidade vertical envolve a atualização dos recursos existentes (por exemplo, aumento da memória ou da capacidade da CPU).

O desempenho e a escalabilidade estão intimamente relacionados, uma vez que a escalabilidade mede a forma como o desempenho é afetado por alterações na carga de trabalho ou na dimensão do sistema. Um sistema escalável mantém um desempenho consistente mesmo com o aumento da carga de trabalho, demonstrando a sua capacidade de se adaptar às exigências variáveis. A obtenção de um desempenho e escalabilidade óptimos envolve frequentemente compromissos entre diferentes atributos do sistema. Por exemplo, melhorar o desempenho pode exigir a atribuição de mais recursos, o que pode afetar a escalabilidade se os recursos ficarem limitados. Por outro lado, dar prioridade à escalabilidade pode implicar o sacrifício de algum desempenho para acomodar cargas de trabalho ou bases de utilizadores maiores. O desempenho e a escalabilidade são factores essenciais para garantir a eficácia, eficiência e adaptabilidade dos sistemas para satisfazer as necessidades dos utilizadores e apoiar os objectivos comerciais.

O equilíbrio destes factores exige uma análise cuidadosa da conceção do sistema, da atribuição de recursos, das estratégias de otimização e das soluções de compromisso. A análise do desempenho e da escalabilidade de um sistema é crucial para avaliar a sua eficiência e capacidade de lidar com cargas de trabalho crescentes. Esta análise fornece informações valiosas sobre o desempenho do sistema em diferentes condições e ajuda a identificar potenciais limitações ou estrangulamentos. A análise de desempenho envolve a medição e avaliação de vários aspectos do sistema, como o tempo de resposta, o rendimento, a utilização de recursos e a latência. Ao realizar testes de desempenho e benchmarks, os programadores de sistemas podem identificar áreas de melhoria e otimizar componentes críticos para melhorar o desempenho global. A análise da escalabilidade centra-se na avaliação da capacidade do sistema para lidar com cargas de trabalho crescentes e acomodar exigências cada vez maiores. Envolve o estudo da forma como o desempenho do sistema é dimensionado com a adição de recursos, como utilizadores, volume de dados ou pedidos simultâneos. O objetivo é garantir que o sistema consegue lidar eficazmente com cargas mais elevadas sem sacrificar o desempenho ou a estabilidade. Para efetuar uma análise exaustiva, os programadores utilizam várias técnicas, como testes de carga, testes de esforço, planeamento da capacidade e definição de perfis de desempenho. Estas técnicas ajudam a medir o comportamento do sistema em diferentes cenários e a identificar potenciais estrangulamentos de desempenho ou problemas de escalabilidade. Os conhecimentos obtidos com a análise do desempenho e da escalabilidade permitem que os conceptores de sistemas tomem decisões informadas sobre a atribuição de recursos, melhorias na arquitetura e estratégias de otimização. Este processo iterativo garante que o sistema pode cumprir os requisitos de desempenho e adaptar-se às novas necessidades à medida que se expande e evolui.

4.8 Resumo

Esta secção destacou a importância de analisar o desempenho e a escalabilidade de um sistema. A análise do desempenho envolve a medição e avaliação de aspectos como o tempo de resposta, o débito e a utilização de recursos para otimizar a eficiência do sistema. A análise da escalabilidade centra-se na avaliação da capacidade do sistema para lidar com cargas de trabalho e exigências crescentes. O processo de análise do desempenho e da escalabilidade inclui técnicas como o teste de carga, o teste de esforço, o planeamento da capacidade e a definição de perfis de desempenho. Estes métodos ajudam a identificar estrangulamentos no desempenho e problemas de escalabilidade, permitindo aos programadores tomar decisões informadas sobre a atribuição de recursos, melhorias na arquitetura e estratégias de otimização. Através da realização de uma análise exaustiva do desempenho e da escalabilidade, os projectistas de sistemas podem garantir que o sistema cumpre os requisitos de desempenho, funciona de forma eficiente e pode ser escalado de forma eficaz para acomodar exigências crescentes. Este processo iterativo melhora o desempenho geral e a estabilidade do sistema, permitindo-lhe adaptar-se às necessidades em evolução.

Neste capítulo, apresentamos os resultados obtidos com a avaliação do quadro baseado no conhecimento. Analisámos as métricas de avaliação e apresentámos as conclusões de forma clara e concisa.

CAPÍTULO 5

5.1 Base de dados de conhecimento

Uma base de conhecimentos é um repositório centralizado ou uma base de dados que armazena e organiza dados, informações e conhecimentos. Serve como um recurso valioso para capturar, gerir e partilhar conhecimentos dentro de uma organização ou sistema. Uma base de conhecimentos pode incluir vários tipos de conteúdo, como documentos, artigos, FAQs, melhores práticas, diretrizes, procedimentos e muito mais.

O objetivo de uma base de conhecimentos é fornecer uma fonte de informação estruturada e facilmente acessível que possa ser utilizada por indivíduos ou sistemas para apoiar a tomada de decisões, a resolução de problemas, a aprendizagem e a colaboração. Funciona como um repositório de conhecimentos que permite aos utilizadores procurar informações específicas, encontrar soluções para problemas comuns e obter informações a partir de experiências anteriores. As bases de dados de conhecimento são normalmente utilizadas em vários domínios e sectores, incluindo apoio ao cliente, gestão de serviços de TI, desenvolvimento de software, cuidados de saúde e educação. Podem ser criadas e mantidas através da introdução manual por peritos na matéria ou através de processos automatizados, como a extração de dados, o processamento de linguagem natural e a aprendizagem automática (Goyal & Madhavi, 2023). As vantagens de uma base de conhecimentos incluem o facto de a base de conhecimentos permitir um acesso rápido a informações relevantes, reduzindo o tempo gasto na procura de respostas e aumentando a produtividade. Ao centralizar o conhecimento, uma base de conhecimentos garante informações consistentes e actualizadas, reduzindo o risco de se basear em dados desactualizados ou incorrectos. Uma base de conhecimentos promove a colaboração, permitindo aos utilizadores contribuir, editar e partilhar conhecimentos, fomentando uma cultura de aprendizagem e troca de conhecimentos. Em cenários de apoio ao cliente ou self-service, uma base de conhecimentos bem organizada e abrangente permite que os utilizadores encontrem soluções de forma independente, levando a uma maior satisfação do cliente. Uma base de conhecimentos constitui um recurso valioso para a tomada de decisões, uma vez que contém informações relevantes, diretrizes e melhores práticas que podem informar e orientar os decisores. De um modo geral, uma base de conhecimentos constitui um ativo valioso para as organizações e os sistemas, facilitando a gestão dos conhecimentos, melhorando a eficiência e permitindo a tomada de decisões e a resolução de problemas de forma eficaz (Ali & Farooqui, 2022).

5.2 Quadro baseado no conhecimento

Um quadro baseado no conhecimento é um sistema ou quadro estruturado que facilita a criação, organização e gestão de uma base de conhecimentos. Fornece um conjunto de ferramentas, processos e metodologias para apoiar o desenvolvimento e manutenção de uma base de conhecimentos numa organização ou sistema. Uma estrutura baseada no conhecimento inclui normalmente os seguintes componentes:

- Captura de conhecimentos: Este componente envolve a captura de conhecimentos de várias fontes, tais como peritos, documentos, bases de dados e recursos externos. Podem ser utilizadas técnicas como a extração de dados, o processamento de linguagem natural e a recuperação de informações para extrair informações relevantes e convertê-las num formato utilizável na base de conhecimentos.
- Organização do conhecimento: Uma vez capturado o conhecimento, este precisa de ser organizado de forma lógica e estruturada. Esta componente centra-se na categorização e classificação do conhecimento em tópicos, domínios ou categorias relevantes. Podem ser utilizadas taxonomias, ontologias ou estruturas hierárquicas para facilitar a navegação eficiente e a recuperação de informações dentro da base de conhecimentos (Mughal, 2018).
- Armazenamento e recuperação de conhecimentos: O quadro baseado no conhecimento fornece mecanismos para armazenar e recuperar o conhecimento capturado. Isto pode envolver a

utilização de bases de dados, sistemas de gestão de conteúdos ou ferramentas especializadas de gestão do conhecimento. A funcionalidade de pesquisa é normalmente fornecida para permitir que os utilizadores pesquisem e recuperem informações com base em palavras-chave, consultas ou critérios específicos. (Liang12 et al., 2017).

- Partilha de conhecimentos e colaboração: Um aspeto fundamental de uma estrutura baseada no conhecimento é permitir a partilha de conhecimentos e a colaboração entre utilizadores. Pode incluir caraterísticas como conteúdo contribuído pelo utilizador, fóruns de discussão, capacidades de comentário e controlo de versões para facilitar a colaboração e a melhoria contínua da base de conhecimentos.
- Manutenção e atualização dos conhecimentos: à medida que novos conhecimentos ficam disponíveis ou que os conhecimentos existentes têm de ser actualizados, o quadro deve prever mecanismos para manter e atualizar a base de conhecimentos. Isto pode implicar a validação do conteúdo, fluxos de trabalho de aprovação e controlo da revisão para garantir a exatidão e a atualidade da informação (Dam et al., 2022).
- Análises e percepções: Algumas estruturas baseadas no conhecimento oferecem capacidades de análise e relatórios para obter informações sobre a utilização do conhecimento, o comportamento do utilizador e a eficácia da base de conhecimentos. Isto permite às organizações identificar lacunas, melhorar a cobertura dos conhecimentos e otimizar a base de conhecimentos para melhor satisfazer as necessidades dos utilizadores.

Em termos gerais, um quadro baseado no conhecimento proporciona uma abordagem sistemática para gerir e aproveitar eficazmente o conhecimento numa organização ou sistema. Promove a partilha de conhecimentos, a colaboração e a tomada de decisões, conduzindo a uma maior eficiência, produtividade e tomada de decisões informadas. As caraterísticas e funcionalidades específicas de um quadro baseado no conhecimento podem variar consoante os requisitos e o contexto da organização ou do sistema que serve (Shang et al., 2017).

5.3 Proposta de quadro pormenorizado

O quadro proposto envolve múltiplos agentes, cada um com funções e responsabilidades distintas, como se mostra na figura 5.1. O quadro multiagente baseado no conhecimento é um sistema que combina os princípios dos sistemas multiagentes (MAS) e dos sistemas baseados no conhecimento (SBC) para facilitar a tomada de decisões inteligentes e a resolução de problemas em ambientes complexos. É constituído por vários componentes-chave: Em primeiro lugar, a arquitetura dos agentes, em que cada agente do quadro possui a sua própria base de conhecimentos, que contém informações relevantes, como factos, regras e heurísticas. Em segundo lugar, os mecanismos de inferência, em que os agentes utilizam motores de inferência para processar a informação armazenada nas suas bases de conhecimentos, obtendo novos conhecimentos e tomando decisões com base no raciocínio lógico. Em terceiro lugar, os protocolos de comunicação, em que os agentes comunicam entre si para trocar conhecimentos, coordenar acções e negociar soluções para os problemas. Esta comunicação facilita a colaboração e a partilha de informações entre os agentes. Em quarto lugar, as Estratégias de Colaboração, em que existem mecanismos que permitem aos agentes trabalhar em conjunto de forma eficaz, partilhar conhecimentos e resolver problemas coletivamente. Isto inclui métodos de resolução de conflitos e desacordos entre agentes com objectivos ou crenças potencialmente contraditórios.

O quadro oferece várias vantagens, incluindo a capacidade de resolução de problemas distribuídos, a robustez, a escalabilidade e a adaptabilidade à evolução das circunstâncias. No entanto, também apresenta desafios como a garantia de consistência e coerência entre bases de conhecimento distribuídas, a gestão da sobrecarga de comunicação, a resolução de conflitos e a proteção de informações sensíveis. As aplicações do quadro multiagente baseado no conhecimento abrangem vários domínios, como os sistemas de transporte inteligentes, a gestão da cadeia de abastecimento, as redes inteligentes e os cuidados de saúde. Um sistema explicativo é um sistema computacional ou informacional concebido para fornecer explicações para vários fenómenos, processos ou eventos. O seu objetivo é clarificar as razões ou causas subjacentes aos comportamentos ou resultados observados, muitas vezes recorrendo a dados, modelos ou conhecimentos especializados. Os sistemas explicativos integram frequentemente diversas fontes de dados, incluindo dados estruturados e não estruturados, para proporcionar uma compreensão abrangente do assunto em causa, como mostra a figura 5.1.

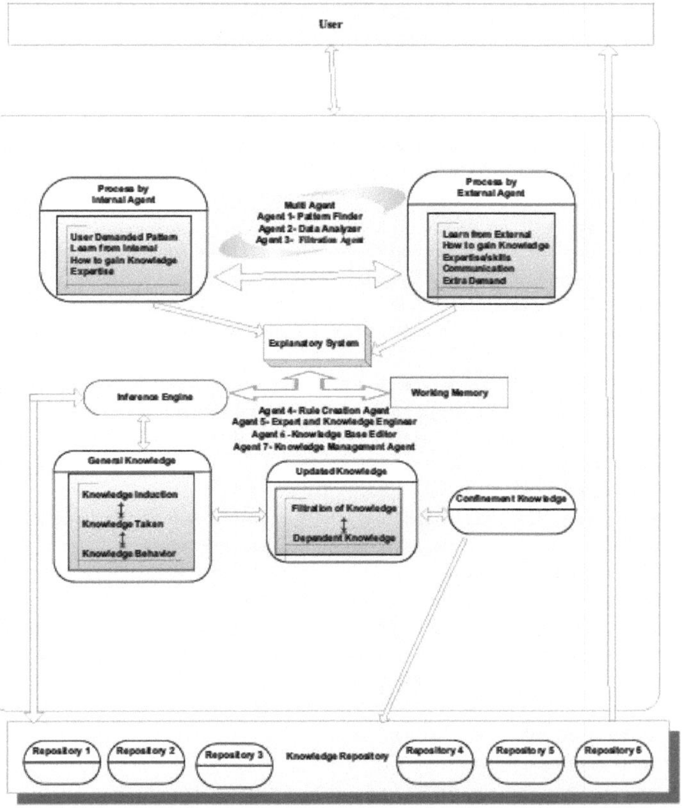

Figura 5.1: Quadro proposto baseado no conhecimento multiagente (MAKB)

5.3.1 Principais técnicas do trabalho proposto

O Multi-Agent Knowledge Based (MAKB) funciona da seguinte forma:

- O utilizador introduz uma consulta no MAKB.
- O agente de filtragem recebe a consulta do utilizador.
- A consulta é então transmitida a vários agentes, incluindo localizadores de padrões e recuperadores de conhecimentos.
- A informação obtida por estes agentes é armazenada no sistema explicativo, que está ligado ao motor de inferência e à memória de trabalho.
- O motor de inferência utiliza conhecimentos gerais para construir regras.
- O conhecimento geral é continuamente atualizado através da filtragem e do conhecimento dependente.
- O conhecimento atualizado é transferido para o conhecimento confinado, que está ligado a vários repositórios.

- Os repositórios estão ligados ao agente de filtragem, fornecendo dados relevantes para a consulta do utilizador.

O diagrama representa o fluxo de trabalho de um sistema pericial. Vou decompor os componentes e as suas interações:

Passo -1: Interface do utilizador: O ponto de entrada onde o utilizador introduz uma pergunta.

Etapa -2: Sistema explicativo: Recebe a pergunta do utilizador e interage com outros componentes.

Passo -3: Memória de trabalho: Armazena factos e informações relevantes.

Passo -4: Motor de inferência: Processa factos, perguntas e regras para obter resultados.

Etapa -5: Base de conhecimentos: Contém conhecimentos específicos do domínio (factos, heurísticas, regras).

Passo -6: Interface de peritos: Permite que peritos e engenheiros do conhecimento modifiquem informações na base de conhecimentos.

Passo -7: Editor da base de conhecimentos: Utilizado para editar e gerir a base de conhecimentos.

Eis como o processo flui:

Passo -1: O utilizador interage com a interface do utilizador introduzindo uma pergunta.

Passo -2: O sistema explicativo recebe a pergunta e comunica com o

Memória de trabalho e motor de inferência.

Passo -3: O motor de inferência processa factos e regras da base de conhecimentos para gerar resultados.

Passo -4: O perito e o engenheiro de conhecimentos podem modificar as informações na base de conhecimentos utilizando a interface de peritos e o editor da base de conhecimentos.

O ciclo de feedback da base de conhecimentos para o motor de inferência garante uma aprendizagem e uma melhoria contínuas.

5.3.2 Descrição dos agentes

A estrutura envolve vários agentes, cada um com funções específicas. Segue-se uma descrição detalhada do Agente1, também conhecido como Localizador de Padrões:

Agente1 (Localizador de padrões):

O papel do Agente1 é recolher padrões do agente de filtragem, facilitando a análise dos requisitos do utilizador. A função do Agente1, designada por Função Agente1 (utilizador, entrada), devolve uma ação. O comportamento estático do Agente1 consiste em receber o input e encaminhá-lo para o Agente2. A ação executada pelo Agente1 é enviada como entrada para o Agente2. O Agente2, também conhecido como Analisador de Dados, desempenha um papel crucial na estrutura. Segue-se uma descrição do Agente2 e das suas tarefas.

Agente2 (Analisador de dados):

O Agente2 recebe o pedido do utilizador do Agente Localizador de Padrões (Agente1). A principal tarefa do Agente2 é procurar um localizador adequado com base na entrada do utilizador. O Agente2 interage com o Agente1 e responde com uma ação. O comportamento estático do Agente2 envolve a perceção de entradas, a criação de um agrupamento, a inicialização de uma loja vazia e a construção de uma tabela organizada por sequências de perceção.

Os perceptos são anexados ao fim da lista de perceptos. O Agente2 executa a ação de enviar o percept visto e de o reencaminhar para o Agente3. Por fim, a função devolve a ação. As acções e processos específicos executados pelo Agente2 permitem-lhe analisar o pedido do utilizador e preparar os dados relevantes para processamento posterior no quadro. O Agente3, conhecido como Agente de Filtragem, desempenha um papel crucial na Base de Conhecimentos. Segue-se uma descrição revista do Agente3 e das suas tarefas.

Agente3 (agente de filtração):

O Agente3 é um perito associado à Base de Conhecimentos. O agente do motor de inferência, também ligado à base de conhecimentos, fornece o resultado do pedido do utilizador. O principal objetivo do Agente3 é filtrar informações de documentos específicos do domínio, estabelecer limites e sugerir técnicas com base nas informações do Especialista em Gestão e do Especialista em Indução de Regras. Para realizar esta tarefa, o Agente3 utiliza técnicas de análise dinâmica e estatística para examinar os dados extraídos. Colabora com o Especialista em Gestão para analisar e processar a informação. A função do Agente3 é garantir que os dados relevantes e significativos são extraídos dos documentos específicos do domínio. O Agente de Filtragem trabalha em conjunto com o Especialista em Gestão para otimizar o processo de filtragem. A experiência do Agente3 na filtragem de informações, combinada com a sua colaboração com outros especialistas, permite-lhe analisar e extrair eficazmente informações valiosas de documentos específicos do domínio na Base de Conhecimentos. A principal tarefa do Agente3 é separar os factos significativos dos dados específicos do domínio. A função do Agente3, designada por Função Agente3 (Agente2, domínio), devolve uma ação. O comportamento estático envolve a combinação de factos de vários domínios. A ação executada pelo Agente3 consiste em enviar os factos combinados ao Agente2. Por fim, a função devolve a ação. O papel do Agente3 na estrutura é crucial para extrair informações importantes e significativas dos dados específicos do domínio. Ao colaborar com o Agente2, garante que os factos extraídos são processados e utilizados eficazmente no sistema. O Agente4, conhecido como o Agente de Criação de Regras, desempenha um papel crucial no quadro. Segue-se uma descrição revista do Agente4 e das suas tarefas.

Agente4 (Agente de criação de regras):

O motor de inferência é responsável pela manipulação da base de conhecimentos, acumulando e criando soluções específicas. As regras da base de conhecimentos mudam frequentemente com base nos factos disponíveis, pelo que este agente contribui para a atualização da base de conhecimentos. O Agente4 concentra-se na aceitação das caraterísticas da árvore de escolha e no avanço das regras para outros agentes. As regras de inferência servem de modelo para gerar argumentos válidos. No domínio da inteligência artificial, as regras de inferência são aplicadas para obter conclusões, e estas conclusões formam uma sequência que conduz ao objetivo pretendido. O Agente4, enquanto agente de criação de regras, facilita a atualização e a utilização de regras na base de conhecimentos. Garante que as caraterísticas da árvore de escolha são tidas em conta e colabora com outros agentes para aplicar as regras de inferência de forma eficaz. Em última análise, o agente ajuda a gerar argumentos válidos e a progredir no sentido de alcançar o objetivo desejado.

Eis as tarefas de um agente e o pseudocódigo das regras por defeito:

Regra de inferência - Regra por defeito Pseudocódigo utilizando o operador (+):

Declare as seguintes variáveis:

RNid: Número inteiro (número de registo na tabela) KDi: Número inteiro (domínio dos conhecimentos)

N: Número inteiro (números de identificação) Rk: Carácter

KKw: Carácter (consulta do utilizador)

Regra1: Se (RNid == 0 && KDi == null)

Em seguida, definir a caixa de texto de pesquisa para KDi + Rk;

Caso contrário, se (RNid == 0 && KDi == 0)

Em seguida, defina a caixa de texto de pesquisa para KKw + Rk + KDi;

Else Definir a caixa de texto de pesquisa para KDi + Rk + KDi == 0 + ... + KDi == n;

Fim se

Regra por defeito Pseudocódigo utilizando o operador (-):

Declare as mesmas variáveis que as mencionadas acima.

Se (RNid == 0 && KDi == null)

Em seguida, defina a caixa de texto de pesquisa para KDi - Rk;

Caso contrário, se (RNid == 0 && KDi == 0)

De seguida, defina a caixa de texto de pesquisa para KKw + Rk - KDi;

Else Definir a caixa de texto de pesquisa para KDi + Rk + KDi == 0 + ... + KDi == n;

Fim se

Regra por defeito Pseudocódigo utilizando o operador OR:
Declare as mesmas variáveis que as mencionadas acima.
Se (RNid == 0 && KDi == null)
Em seguida, defina a caixa de texto de pesquisa para KDi OU Rk;
Caso contrário, se (RNid == 0 && KDi == 0)
Em seguida, defina a caixa de texto de pesquisa para KKw + Rk OU KDi;
Else Definir a caixa de texto de pesquisa para KDi + Rk + KDi == 0 + . + KDi == n;
Fim se

O Agente4, como Agente de Criação de Regras, utiliza estes extractos de pseudocódigo para gerar regras e fórmulas no sistema, com base nas condições e operadores fornecidos.

O Agente5, conhecido como o perito e engenheiro de conhecimentos, desempenha um papel crucial na estrutura. Segue-se uma descrição do Agente5 e das suas tarefas.

Agente5 (perito e engenheiro de conhecimentos)

O perito e engenheiro de conhecimentos é um perito no domínio que contribui para a atualização e manutenção da base de conhecimentos. Este agente facilita a atualização contínua e conveniente da base de conhecimentos. O Agente5 é responsável por analisar e testar a base de conhecimentos para garantir a sua exatidão e eficácia. Eis as tarefas do agente e o pseudocódigo das regras predefinidas: A função EXKE_AGENT (statute) do agente perito e engenheiro de conhecimentos devolve uma ação:

KB refere-se à base de conhecimentos.

tt representa o tempo decorrido, a partir de 0.

As etapas da função são as seguintes:

Chamar construct_statute (statute, tt) para notificar a base de conhecimentos sobre o estatuto que está a ser construído.

Gerar um pedido utilizando a ação (KB, done_query(tt)).

Notificar a base de conhecimento sobre a ação executada e a sua conclusão usando (KB, done_action (action, tt)).

Incrementar tt em 1 (tt + 1 = tt).

Devolver a ação.

O Agente5, como perito e engenheiro de conhecimentos, utiliza os seus conhecimentos para atualizar e gerir a base de conhecimentos de forma eficiente. Constrói estatutos, interage com a base de conhecimentos através de pedidos e acções e assegura a progressão exacta do tempo no sistema. O Agente5, conhecido como o Perito e Engenheiro do Conhecimento, desempenha um papel crucial na estrutura. Segue-se uma descrição do Agente5 e das suas tarefas:

- O Engenheiro de Conhecimentos Especializados é um especialista no domínio que contribui para a atualização e manutenção da base de conhecimentos.
- Este agente facilita a atualização contínua e conveniente da base de conhecimentos.
- O Agente5 é responsável por analisar e testar a base de conhecimentos para garantir a sua exatidão e eficácia.

O Agente6, conhecido como o Editor da Base de Conhecimentos, assume o papel de mediador entre a Base de Conhecimentos e o Perito e o Engenheiro de Conhecimentos. Segue-se uma descrição revista do Agente6 e das suas tarefas.

Agent6 (Editor da base de dados de conhecimento)

O Agente6 actua como mediador, responsável por recuperar informações da base de conhecimentos e fornecê-las ao perito e ao engenheiro de conhecimentos. O editor da base de conhecimentos é uma aplicação incorporada concebida para criar a estrutura de uma base de conhecimentos e modificar uma base existente. Facilita a gestão e a organização da base de conhecimentos, assegurando que a informação relevante é acessível e utilizável pelos peritos do domínio.

O Agente7, referido como o Agente de Gestão do Conhecimento ou Agente Confinado do

Conhecimento, é responsável pelo desenvolvimento e manutenção da base de conhecimentos. Segue-se uma descrição revista do Agente7 e das suas tarefas.

Agente7 (Agente de gestão dos conhecimentos ou Agente confinado aos conhecimentos)

O agente7 é responsável pela produção da base de conhecimentos, assegurando que esta é actualizada com informações relevantes. Este agente trata de vários processos de gestão, tais como o armazenamento, a recuperação e a inferência de pedaços de informação com base em objectivos específicos. O agente engloba os seguintes aspetos:

- Compreensão da informação
- Informações relativas aos procedimentos
- Informações específicas do cliente

O Agent7 desempenha um papel vital na gestão da base de conhecimentos, assegurando que esta é constantemente actualizada e alinhada com os objectivos e requisitos específicos. Engloba a compreensão e a utilização de informações, procedimentos e dados específicos do cliente para aumentar a eficácia da base de conhecimentos no sistema.

5.3.3 Algoritmo de pesquisa geral

O algoritmo de pesquisa geral tem como objetivo encontrar uma solução com base nos dados do utilizador e numa fila de agentes. Segue-se uma explicação do algoritmo:

A função GENERAL_SEARCH (userInput, QUEUE) devolve sucesso ou falha: Agentes: MAKE_PR_QUEUE (AGENTES (INITIAL_STATE [consulta]))

Laço:

Se o objetivo pretendido for alcançado

devolver o sucesso

Além disso

passar à etapa seguinte.

As informações são armazenadas na base de conhecimentos. O algoritmo começa por criar uma fila de prioridade de agentes com base na entrada do utilizador. Em seguida, entra num ciclo em que verifica se o objetivo desejado foi alcançado. Se o objetivo for atingido, o algoritmo devolve um resultado bem sucedido. Caso contrário, o algoritmo acede e utiliza as informações armazenadas na base de conhecimentos para continuar a pesquisa. O ciclo continua até ser obtido um resultado positivo ou até o processo de pesquisa estar concluído.

5.3.4 Funcionamento lógico da estrutura baseada no conhecimento multiagente (MAKB) O sistema baseado no conhecimento multiagente é representado logicamente na figura 5.2, conhecida como MAKB. Este diagrama ilustra o funcionamento de cada agente dentro da estrutura. Quando um utilizador coloca uma questão, o agente de procura de padrões armazena-a brevemente no sistema exploratório. Posteriormente, a memória de trabalho e o motor de inferência são utilizados para atualizar os dados armazenados na base de conhecimentos. O Engenheiro de Conhecimentos Especializados, com a ajuda do Editor da Base de Conhecimentos, determina a categoria relevante em que a pergunta se insere e actualiza a Base de Conhecimentos em conformidade. O funcionamento lógico da estrutura do MAKB demonstra como os diferentes agentes colaboram para processar as consultas dos utilizadores, atualizar a base de conhecimentos e assegurar a disponibilidade de informação relevante para a tomada de decisões e a resolução de problemas no sistema. O fluxo de funcionamento lógico do MAKB é apresentado na figura 5.2.

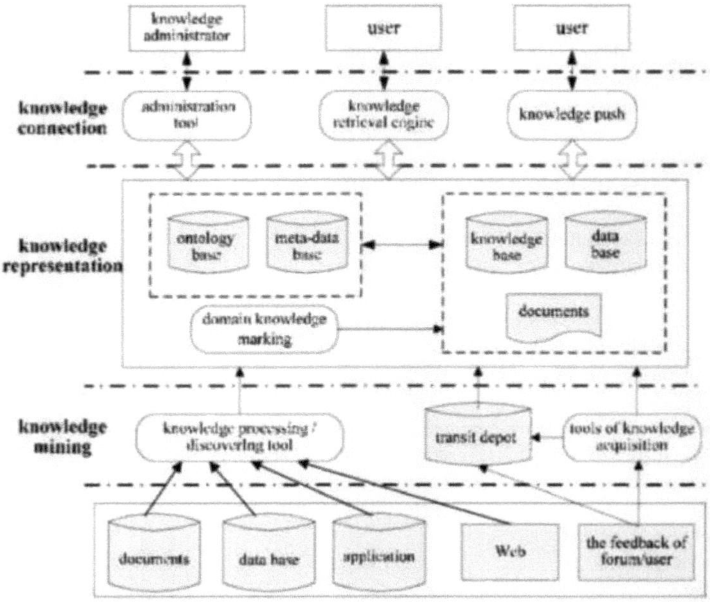

Figura 5.2: Funcionamento lógico do quadro multiagente baseado no conhecimento (MAKB)

O funcionamento lógico do quadro multiagente baseado no conhecimento envolve vários processos-chave: em primeiro lugar, a arquitetura dos agentes, em que cada agente do quadro possui a sua própria base de conhecimentos, que armazena factos, regras e heurísticas relevantes para o seu domínio. Em segundo lugar, os mecanismos de inferência, em que os agentes utilizam motores de inferência para processar a informação armazenada nas suas bases de conhecimentos. Os motores de inferência efectuam o raciocínio lógico, obtêm novos conhecimentos e tomam decisões com base na informação disponível. Em terceiro lugar, os protocolos de comunicação, em que os agentes comunicam entre si utilizando protocolos de comunicação predefinidos. A comunicação facilita o intercâmbio de conhecimentos, a coordenação de acções e a negociação de soluções para os problemas. Em quarto lugar, as Estratégias de Colaboração, em que os agentes colaboram trabalhando em conjunto, partilhando

conhecimento e resolução colectiva de problemas. As estratégias de colaboração incluem mecanismos de resolução de conflitos e de negociação entre agentes com objectivos ou crenças potencialmente contraditórios. Globalmente, o funcionamento lógico do quadro multiagente baseado no conhecimento permite a resolução distribuída de problemas, a tomada de decisões sólidas e a colaboração eficaz entre agentes autónomos num sistema multiagente. É constituído por:

1. Camada de interface do utilizador:

Utilizador: Representa a pessoa que interage com o sistema.

Refinamento da consulta: Refina e processa a consulta do utilizador.

Agente de delegação: Determina quais os agentes de serviço que devem tratar a consulta.

Agente de interação: Gere a comunicação entre o utilizador e os agentes de serviço.

2. Camada Multi-Agente:

Consiste em múltiplos agentes de serviço (SA):

Estes agentes são especializados em diferentes tarefas ou domínios.

Colaboram para responder eficazmente às questões dos utilizadores.
Diretório de dados (DD):
Fornece acesso a dados relevantes.
Cada SA interage com o DD para obter as informações necessárias.
3. Camada de base de conhecimentos:
Contém o espaço de conhecimento/dados do repositório:
Armazena factos, regras e conhecimentos específicos do domínio.
Os agentes de serviço utilizam este conhecimento para responder às perguntas dos utilizadores.
Em resumo, quando um utilizador submete uma consulta, o sistema refina-a, delega-a nos agentes de serviço adequados e recupera informações relevantes da base de conhecimentos. O esforço de colaboração dos agentes de serviço garante respostas precisas e eficientes

5.3.5 Algoritmo proposto

Apresentamos um quadro para atualizar a base de conhecimentos, designado por Base de Conhecimentos Multi-Agente (MAKB), que é apresentado no Algoritmo. A MAKB consiste em quatro fases principais:

1. **Descoberta inicial de dados:** Descobrir novas entidades a partir da Web.
2. **Sincronização de dados:** Sincronizar visitando as páginas Web mais recentes.
3. **Expansão de entidades:** Utilizar os sítios Web mais recentes para explorar entidades relacionadas através de hiperligações.
4. **Sincronização de entidades expandidas:** Sincronizar as entidades expandidas com base na sua prioridade.

Algoritmo 1 para MAKB: Entrada: U - Limite superior de entidades acedidas.
Função 1: VISITAR (a) - Aceder às páginas Web da entidade "a" até K vezes.
Função 2: EXTRACT_DATA - Extrair entidades valiosas de um grande volume de entidades (LVE).
Função 3: EXPAND (a) - Recupera todas as entidades com hiperligações de "a".

1. // Passo 1: Encontrar dados.
2. BAE= Encontrar frases valiosas na Internet.
3. Dados = OBTAIN_DATA (HVE).
4. // Etapa 2 e etapa 3: Sincronização e expansão de dados
5. PQ=0 // PQ é a fila de prioridades.
6. para um G Dados do
7. Páginas= VISITA(s)
8. Se a(s) página(s) existir(em), então
9. Actualiza o MAKB com as páginas visitadas
10. for a in EXPAND do
11. Inserir um em PQ com valor de prioridade a E[u(a)].
12. fim para
13. Fim se
14. Fim para
15. // etapa 3 e etapa 4: sincronização e expansão da entidade
16. Enquanto o limite de acesso K não for atingido E PQ não estiver vazio do
17. s= PQ. DELETE () // Elimina a entidade com o maior valor.
18. Página = VISIT(s)
19. Atualizar s no MAKB com a página
20. for an in EXPAND(s) do
21. Inserir a em PQ com o valor E[u(a)].
22. Fim para
23. Fim enquanto

O algoritmo MAKB proposto descreve o processo de atualização da base de conhecimentos.

Envolve a descoberta de novos dados, a sincronização e a expansão de entidades, e a garantia de que a sincronização e a expansão são efectuadas dentro dos limites de acesso especificados. O algoritmo utiliza funções para aceder a páginas Web, extrair entidades valiosas e expandir a rede de entidades.

5.3.6 O motor de inferência baseado em agentes

No quadro MAKB, o motor de inferência baseia-se num agente de filtragem especializado e assenta no algoritmo de encadeamento progressivo. Este agente inteligente tem em conta os factos disponíveis, as regras aplicáveis e os critérios de pesquisa para fornecer resultados imediatos. O algoritmo de encadeamento segue uma abordagem baseada em regras, em que a regra principal de uma determinada situação é utilizada para retirar conclusões lógicas que conduzam a um resultado. O agente de filtragem orienta outros agentes dentro do sistema, fornecendo regras e informações relevantes, como factos, textos, áudio e imagens, para apoiar o processo de tomada de decisão. O motor de inferência baseado em agentes é um componente essencial dos sistemas multiagentes que facilita o raciocínio e a tomada de decisões nos agentes individuais. O motor de inferência permite que os agentes efectuem raciocínios lógicos sobre as informações armazenadas nas suas bases de conhecimentos. Processa factos, regras e heurísticas para obter novos conhecimentos e tomar decisões informadas

5.4 Perspetiva lógica

Quando confrontados com recursos de dados vastos e diversificados, a utilização eficaz desses recursos com base nas suas divisões e domínios torna-se um desafio fundamental na investigação de repositórios institucionais. Esta tese apresenta uma estrutura para a descoberta de conhecimentos, a utilização de conhecimentos e a gestão de conhecimentos. A estrutura adopta uma abordagem de sistema multiagente para facilitar o acesso baseado no conhecimento a bases de dados do domínio. É composto por sete agentes distintos: o agente de descoberta de padrões, o agente de análise de dados, o agente de filtragem, o agente de indução de regras, o engenheiro especializado e de conhecimentos, o editor de bases de dados de conhecimentos e o agente de gestão de conhecimentos.

```
N-MAS_Prog      =  "Agents: "  (<agentName> <agentProg> [<nr>])* ;
                   "Facts: "               <bruteFacts>
                   "Effects: "             <effects>
                   "Counts-as rules: "     <counts-as>
                   "Sanction rules: "      <sanctions>;
<bruteFacts>    =  <b-literals>;
<effects>       =  ("{"<b-literals>"}" <actionName> "{"<b-literals>"}")*;
<counts-as>     =  ( <literals> "⇒" <i-literals> )*;
<sanctions>     =  ( <i-literals> "⇒" <b-literals> )*;
<agentName>     =  <ident> ;
<agentProg>     =  <ident> ;
<nr>            =  <int> ;
<actionName>    =  <ident> ;
<b-literals>    =  <b-literal> {"," <b-literal>} ;
<i-literals>    =  <i-literal> {"," <i-literal>} ;
<literals>      =  <literal> {"," <literal>} ;
<literal>       =  <b-literal> | <i-literal> ;
<b-literal>     =  <b-atom> | "not" <b-atom> ;
<i-literal>     =  <i-atom> | "not" <i-atom> ;
```

Figura 5.3: A Figura 5.3 mostra a implantação de um sistema de informação multiagente através de scripts. A implantação de scripts do "Sistema de Informação Multiagente" envolve a utilização de scripts ou processos automatizados para implantar e gerir um Sistema de Informação Multiagente. Os scripts são utilizados para automatizar o processo de implementação do MAIS, incluindo a configuração dos ambientes dos agentes, a configuração dos protocolos de comunicação e a inicialização das interações dos agentes. Uma das principais vantagens da conceção da estrutura baseada no conhecimento multiagente (MAKB) reside no equilíbrio harmonioso entre a interoperabilidade e a independência dos agentes individuais. Ao reduzir o peso das tarefas de inferência e ao fornecer soluções fiáveis para o feedback do utilizador, espera-se que estes agentes melhorem o desempenho e a eficiência globais do sistema.

Seja G1 um conjunto de agentes activos num sistema, em que Ag representa o agente e G1Ag = {ag1, ag2, agn}. Adicionalmente, Ta = {ta1, ta2, tn} representa as tarefas potenciais que cada membro de G1Ag pode realizar através de esforços de colaboração, denotados por E onde E Ta. E significa o ambiente para cada agente e a representa a operação relacionada com as respectivas tarefas. Consideremos ag1 como um agente único com um conjunto único de crenças, Bi, que sofre revisões e é representado por P_REVi. A perspetiva que o agente tem do seu ambiente incorpora uma crença na complexidade da inferência, denotada por B_COMPi. As acções do agente, ai, seguem um plano, pi, e o ai actualiza continuamente as suas crenças utilizando uma função de adaptação da fé.

$$faf: B\_COMi \rightarrow B\_COMi$$

Quando se verifica uma alteração significativa nas crenças do agente sobre B_COMPi e BRi, o agente utiliza a função de revisão do plano (PRF) para atualizar o seu plano, pi.

$$prf: (BCi * BRi \rightarrow)pi \Rightarrow pi$$

O MAKB, um módulo de colaboração num sistema multiagente, facilita a gestão e a coordenação do desempenho dos agentes. Cada agente possui um plano, p, que descreve uma série de tarefas a realizar numa ordem específica, pt = (t1, t2, ...). Utilizando uma função específica da tarefa (tsf) para diferenciar entre várias opções de tarefas, os agentes utilizam o módulo MAKB para construir um plano de colaboração. MAKB, O Ga inclui um módulo de cooperação concebido para sistemas multi-agentes. Este módulo ajuda a supervisionar e a coordenar o desempenho dos agentes no sistema. Cada agente tem um plano, p, que inclui um conjunto de tarefas distintas organizadas numa sequência específica, pt = (t1, t2, ...). Ao utilizar uma função específica da tarefa (tsf) para distinguir entre diferentes alternativas de tarefas, os agentes utilizam o módulo MAKB para estabelecer um plano de colaboração.

$$(\%) = ai + £((ag1 + taT)(Bi + pi + pt))(1)$$

A figura 5.4 mostra o script fundamental para a extração de informação. O script fundamental para a extração de informação refere-se a uma parte fundamental do código concebido para recuperar dados ou informações específicas de uma determinada fonte, como uma base de dados, um sítio Web ou um documento. Propomos uma abordagem melhorada para construir um espaço semântico para ideias, utilizando um algoritmo de agrupamento baseado em Swarm Intelligence e k-Means. Inicialmente, categorizamos as páginas Web da Internet em domínios específicos e, em seguida, agrupamos as páginas Web pertencentes a cada domínio. Um script fundamental para extrair informações envolve normalmente uma combinação de raspagem da Web, análise de dados e, possivelmente, algumas técnicas de processamento de linguagem natural (PNL), dependendo do tipo de informação que se pretende extrair. Aqui está um script Python básico que utiliza a biblioteca requests para efetuar pedidos HTTP e a biblioteca BeautifulSoup para analisar o conteúdo HTML:

```
pedidos de importação
from bs4 import BeautifulSoup
def extract_information(url):
# Enviar um pedido GET para o URL
resposta = requests.get(url)
#   Verificar se o pedido foi bem sucedido
se response.status_code == 200:
#   Analisar o conteúdo HTML da página
soup = BeautifulSoup(response.text, 'html.parser')
#   Aqui, especifica-se os elementos HTML ou selectores CSS que contêm as informações que se
pretende extrair
```

```
#   Por exemplo, se quiser extrair o texto de todas as etiquetas <p>: paragraphs =
soup.find_all('p')
#   Extrair o conteúdo de texto dos parágrafos extracted_information = [p.get_text() for p in
paragraphs] return extracted_information
e mais:
print("Falha ao recuperar a página:", response.status_code) return None
#   Exemplo de utilização:
url = "https://example.com"
extracted_info = extract_information(url)
se informação_extraída:
print("Informações extraídas:")
para informação em informação_extraída:
imprimir(info)
```

Este script recupera o conteúdo HTML de uma página da Web usando o URL fornecido, analisa-o usando BeautifulSoup e extrai texto de elementos HTML específicos (neste caso, tags <p>). Podemos modificá-lo para extrair informações de diferentes tipos de elementos ou usar diferentes técnicas de análise, dependendo dos seus requisitos.

```xml
<?xml version="1.0" encoding="UTF-8"?>
<!DOCTYPE LIMES SYSTEM "limes.dtd">
<LIMES>
  <PREFIX> <NAMESPACE>http://www.w3.org/1999/02/22-rdf-syntax-ns#</NAMESPACE> <LABEL>rdf</LABEL>      </PREFIX>
  <PREFIX> <NAMESPACE>http://www.w3.org/2002/07/owl#</NAMESPACE>             <LABEL>owl</LABEL>      </PREFIX>
  <PREFIX> <NAMESPACE>http://data.linkedct.org/resource/linkedct/</NAMESPACE> <LABEL>linkedct</LABEL> </PREFIX>
  <PREFIX> <NAMESPACE>http://bio2rdf.org/ns/mesh#</NAMESPACE>               <LABEL>meshr</LABEL>    </PREFIX>
  <SOURCE>     <ID> linkedct </ID>
               <ENDPOINT> http://data.linkedct.org/sparql </ENDPOINT>
               <VAR> ?x </VAR>
               <PAGESIZE> 5000 </PAGESIZE>
               <RESTRICTION> ?x rdf:type linkedct:condition </RESTRICTION>
               <PROPERTY> linkedct:condition_name </PROPERTY>              </SOURCE>
  <TARGET>     <ID> mesh </ID>
               <ENDPOINT> http://mesh.bio2rdf.org/sparql </ENDPOINT>
               <VAR> ?y </VAR>
               <PAGESIZE> 5000 </PAGESIZE>
               <RESTRICTION> ?y rdf:type meshr:Concept </RESTRICTION>
               <PROPERTY> dc:title </PROPERTY>                             </TARGET>
  <METRIC>     levenshtein(x.linkedct:condition_name, y.dc:title)         </METRIC>
  <EXEMPLARS>  70 </EXEMPLARS>
  <ACCEPTANCE> <THRESHOLD> 0.9 </THRESHOLD> <RELATION> owl:sameAs </RELATION>
               <FILE>diseases\_accepted.nt</FILE>                         </ACCEPTANCE>
  <REVIEW>     <THRESHOLD> 0.8 </THRESHOLD> <RELATION> owl:sameAs </RELATION>
               <FILE>diseases\_review.nt</FILE>                           </REVIEW>
</LIMES>
```

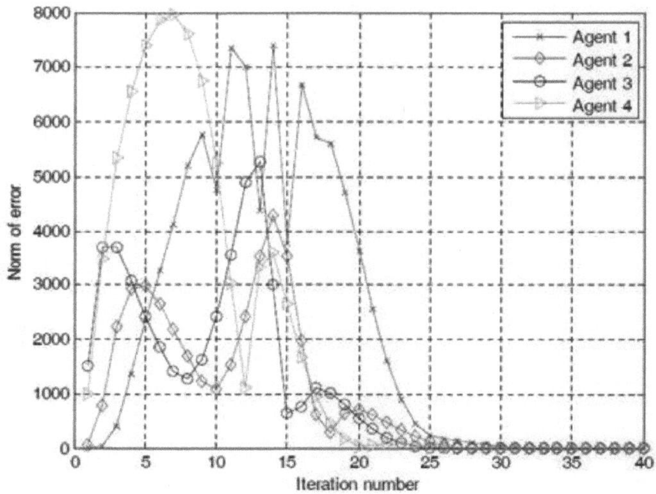

Figura 5.5: O teste de precisão do MAKB

A figura 5.5 mostra o teste de precisão do MAKB. O teste de precisão do MAKB avalia a exatidão e a correção da tomada de decisões no âmbito do quadro multiagente baseado no conhecimento (MAKB). Além disso, podemos ajustar o limiar para garantir flexibilidade suficiente na classificação. O espaço concetual pode ser utilizado para fins de consulta e recuperação de informação. Um aspeto crucial é a forma de gerar automaticamente agrupamentos ligados no espaço desejado do domínio específico. Avalia a precisão da tomada de decisões no MAKB. Quantificar a precisão como o rácio entre as decisões corretas e o total de decisões, normalmente calculado como os verdadeiros positivos divididos pela soma dos verdadeiros positivos e dos falsos positivos. A Figura 5.6 mostra a análise de dispersão do MAKB proposto. A análise de dispersão consiste em examinar a propagação ou dispersão dos dados no âmbito do quadro multiagente baseado no conhecimento (MAKB). O principal objetivo da análise de dispersão é compreender como a informação é distribuída ou dispersa no MAKB.

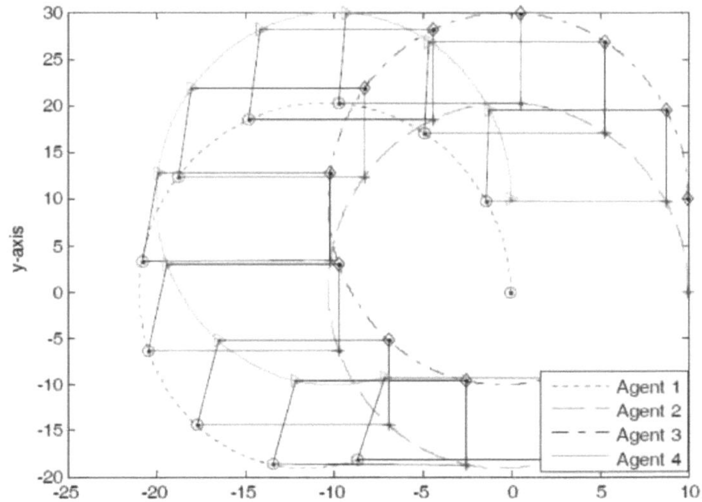

Figura 5.6: Análise de dispersão do MAKB proposto

Antes de gerar o espaço concetual, é necessário identificar os conceitos num determinado domínio. Nos domínios da literatura académica, os conceitos são normalmente bem definidos e os thesauri existentes podem ser utilizados. No entanto, em domínios específicos como as notícias, os conceitos são dinâmicos e a criação manual de um tesauro é impraticável devido à falta de um tesauro existente. Por isso, o nosso objetivo é extrair automaticamente conceitos dos documentos. Utilizando as seguintes fórmulas, podemos calcular o ganho de informação de cada termo para classificação, que serve de base para o desenvolvimento do tesauro.
f_Obt = P(F) E_i*P (Φ| F) + log (P^^F/P^) + P(M) Z_i*P ^|^{A} F)log (P(Φ)|^P)/P(Φ) (2) Seja F um termo, P(F) representa a probabilidade de ocorrência do termo F, F representa a negação do termo F, P(i) é a probabilidade do valor da classe i^{th} , e P(i|F) é a probabilidade condicional do valor da i-ésima classe dado que o termo F ocorreu. Se Info(F) > ou onde Info(F) denota o ganho de informação do termo F, seleccionamos o termo F como conceito. A escala e a distribuição dos parâmetros na simulação são apresentadas na tabela 5.1. A escala e a distribuição dos parâmetros na simulação referem-se às caraterísticas das variáveis e dos factores utilizados num modelo de simulação, incluindo a sua magnitude, alcance e distribuição. A escala e a distribuição dos parâmetros desempenham um papel crítico na formação do comportamento e dos resultados dos modelos de simulação. A consideração cuidadosa e a calibração desses fatores são necessárias para garantir a precisão e a confiabilidade dos resultados da simulação

Tabela 5.1: A escala e a distribuição dos parâmetros na simulação.

Parâmetros	**Escala**	**Distribuição**
Número de agentes	0-100	Aleatório
Desejos	0-50	Aleatório
Crenças	0-100	Aleatório
Intenções	0-10	Aleatório
Ligações	0-100	Aleatório
Ganho	0-50	Aleatório

5.5 Sistema de Recuperação de Informação

Um sistema de Recuperação de Informação (RI) é uma aplicação ou estrutura de software concebida para recuperar informação relevante de uma coleção de documentos ou fontes de dados em resposta a pedidos do utilizador. O principal objetivo de um sistema de RI é fazer corresponder eficazmente as consultas dos utilizadores aos documentos relevantes. É discutido o início do procedimento de indexação de documentos melhorado.

Algoritmo 2: Início do procedimento de indexação melhorada de documentos

1. Adquirir o conjunto de dados (por exemplo, WebKb) e aceder ao código fonte de cada documento.
2. Para cada documento aberto (designado por "i"), executar os seguintes passos:

Preencher a escala e a distribuição dos parâmetros na tabela de simulação com o identificador do parâmetro(i), escala e códigos de distribuição.

Preencher a escala e a distribuição dos parâmetros no quadro de simulação com o nome da página do documento (i).

Processa o conteúdo de doc.(i) até atingir o fim do ficheiro (EOF):

Tokenizar o conteúdo de "Open doc.(i)", extraindo palavras individuais ("escalas").

Recuperar 'scales'. Se "scales" for um carácter especial, uma palavra de paragem ou um Delimitador de frases, exclua-o.

Caso contrário, atualizar a tabela ' A escala e a distribuição dos parâmetros na simulação ' incorporando o peso de 'doc.(i)'.

Aumenta a contagem de "escalas" na tabela "A escala e a distribuição dos parâmetros na simulação".

Adicionar "escalas" à tabela "A escala e a distribuição dos parâmetros na simulação".

Atualizar a tabela "A escala e a distribuição dos parâmetros na simulação" para incluir todas as páginas Web que contenham as mesmas "escalas".

Concluir o tratamento do doc.(i).

3. Compilar os dados resultantes nos quadros seguintes:

Quadro "A escala e a distribuição dos parâmetros na simulação" que contém os campos: parâmetros, escala, distribuição.

Quadro "escala e distribuição dos parâmetros na simulação" que contém os parâmetros, a escala e a distribuição.

4. Terminar o ciclo para cada documento aberto.
5. Terminar o procedimento.

O Algoritmo 2 começa por gerar representações de código aberto para cada página web do conjunto de dados Web Kb e estabelece duas tabelas distintas. A primeira tabela, designada por escala e distribuição dos parâmetros na tabela de simulação, é responsável por capturar o parâmetro, a escala e a distribuição do conjunto de dados, melhorando assim a acessibilidade. Simultaneamente, a tabela "A escala e a distribuição dos parâmetros na simulação" é construída para alojar os nomes das páginas individuais.

Ao longo da execução do algoritmo, enquanto o fim do documento não for atingido, é executado um procedimento de tokenização. Este procedimento envolve a extração de palavras ("escalas") do documento, acompanhada da eliminação de palavras classificadas como caracteres especiais, palavras de paragem ou delimitadores de frases. Em alternativa, se a palavra não se enquadrar nessas classificações, o algoritmo calcula o peso total e a contagem de palavras para cada uma das respectivas páginas web, preenchendo posteriormente as tabelas relevantes.

Para concluir o processo, é formulado um segundo quadro denominado "Quadro da escala e da distribuição dos parâmetros na simulação". Esta tabela "A escala e a distribuição dos parâmetros na simulação" engloba as escalas, enquanto o aspeto da distribuição significa que todas as páginas Web que contêm a mesma palavra "W" são listadas. Por conseguinte, o resultado deste algoritmo é constituído por estas duas tabelas integrais. O processo de indexação de documentos proposto desenrola-se através das etapas seguintes:

A compilação de uma tabela de palavras especiais, conseguida através da filtragem de palavras de paragem, caracteres especiais e delimitadores de frases. A criação de uma tabela de informação de etiquetas HTML, envolvendo a remoção de etiquetas preferenciais como HTML, head, sub-cabeçalhos (h1, h2, h3) e body. Simultaneamente, o algoritmo calcula o peso associado às etiquetas removidas. A Figura 5.7 ilustra o impacto do Algoritmo 1 e do Algoritmo 2 através das acções de cinco agentes. O impacto de cinco agentes sublinha a importância de entidades ou factores individuais dentro de um sistema e a sua influência colectiva na dinâmica do sistema, nos resultados e nos processos de tomada de decisão. Compreender e avaliar o seu impacto é essencial para gerir e navegar eficazmente em sistemas complexos como o MAKB.

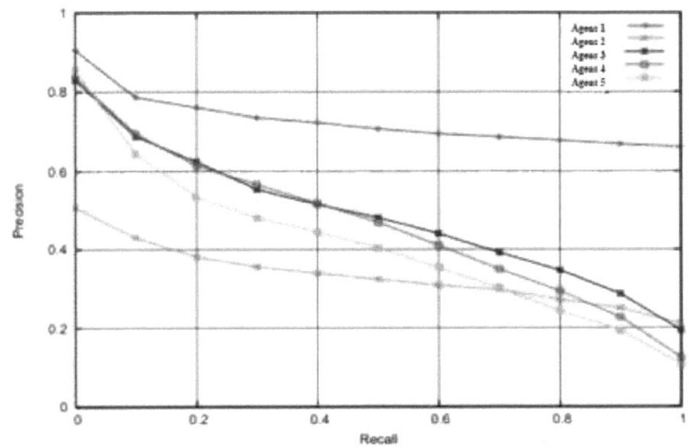

Figura 5.7: Impacto de cinco agentes

Algoritmo 3: Processo de consulta de pesquisa (SQP)
Inicializar o processo de pesquisa de consultas.
Executar as etapas de inicialização:
Inicializar QW [parâmetro, escalas] e X [escalas] como matrizes vazias.
Inicializa a lista de IDs [parâmetro] como uma matriz vazia.
Receber a consulta de entrada do utilizador (UQ) representada pela cadeia "S".
Introduza um ciclo para iterar através de cada elemento da consulta do utilizador:
Dividir a consulta do utilizador (string) em palavras individuais
Armazenar as palavras divididas na matriz X [escalas].
Continuar o ciclo até que a consulta do utilizador (UQ) tenha sido totalmente processada.
Introduzir um ciclo aninhado para processar cada palavra na matriz X [escalas]:
Preencher o QW [palavra, lista de páginas] com a palavra que está a ser processada.
Recuperar a lista de páginas da tabela "A escala e a distribuição dos parâmetros na simulação" para a palavra atual.
Fundir a lista de páginas de cada palavra com as outras listas de páginas relacionadas com a consulta de entrada, armazenando o resultado em parémetros.
Continua o ciclo até que os critérios especificados sejam satisfeitos.
Concluir o ciclo aninhado.
Devolve a matriz ID-List que contém a lista agregada de IDs de página.
Terminar o algoritmo.

5.6 Resultados e discussão

O algoritmo, conhecido como Search Query Process (SQP), inicia-se com a preparação para a pesquisa da consulta. Configura as estruturas de dados essenciais e recebe a consulta de entrada do utilizador como uma cadeia de caracteres. Em seguida, analisa a consulta, dividindo-a em palavras individuais e armazenando-as para processamento posterior. As etapas subsequentes envolvem a iteração através de cada palavra, a recuperação de informações relevantes a partir de tabelas e a fusão de listas de páginas para acumular uma lista abrangente de IDs de páginas associadas à consulta do utilizador. Quando os critérios são cumpridos, o algoritmo conclui, produzindo uma matriz que contém os IDs de página recolhidos.

A Figura 5.8 ilustra o impacto do Algoritmo 3 através das acções de seis agentes. Compreender o impacto destes seis agentes implica avaliar as suas caraterísticas, interações e objectivos no sistema. A sua influência pode manifestar-se de diversas formas, incluindo a condução de mudanças, a modelação de resultados ou a influência no comportamento de outras entidades. A avaliação do impacto exige a análise da dinâmica e das relações entre os seis agentes no âmbito do sistema mais alargado. As suas acções e decisões podem conduzir a comportamentos emergentes ou a efeitos sistémicos que contribuem para a dinâmica global do sistema. O reconhecimento do impacto destes agentes é crucial para a tomada de decisões informadas, o planeamento estratégico e a gestão eficaz do sistema. O gráfico é uma curva de precisão-recuperação, normalmente utilizada na aprendizagem automática e na recuperação de informação para avaliar o desempenho dos modelos de classificação. O eixo x é rotulado como "Recall", que representa a proporção de instâncias positivas verdadeiras corretamente identificadas pelo modelo. O eixo y é rotulado como "Precision" (Precisão), que mede a proporção de instâncias positivas verdadeiras entre todas as instâncias positivas previstas.

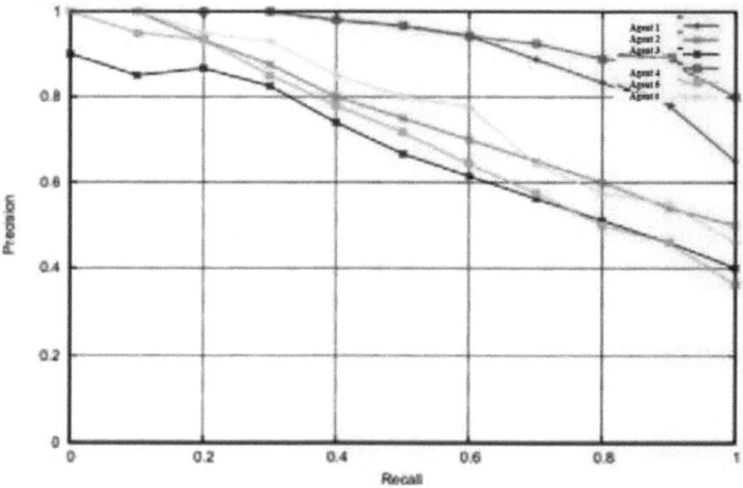

Figura 5.8: Impacto de seis agentes

Em resumo, o impacto de todos os algoritmos é apresentado na tabela 5.2. Dependendo do seu impacto coletivo, o comportamento dos sete agentes pode exigir respostas adaptativas ou intervenções para enfrentar desafios, mitigar riscos ou capitalizar oportunidades no sistema.

Quadro 5.2: Impacto dos sete agentes

Agente 1	Agente 2	Agente 3	Agente 4	Agente 5	Agente 6	Agente 7	Em geral desempenho
1	1	0	0	0	0.35	0.4	2.45
0.85	0.9	0	0.28	0.275	0.61	0.65	3.22
0.9	0.9	0	0.66	0.66	0.71	1	4.38
0.95	1	0.3	0	0	0.35	0.4	2.67
1	1	0.3	0.28	0.275	0.61	0.65	3.64

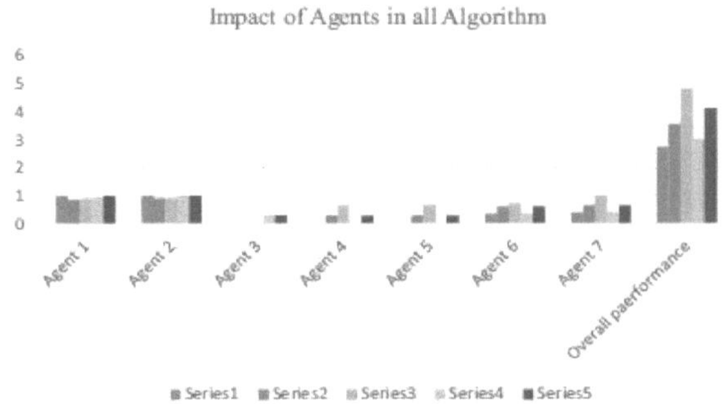

Figura 5.9: Impacto de sete agentes

A Figura 5.9 ilustra o desempenho dos Agentes i, em que i=1, 27, bem como a impacto coletivo do desempenho dos sete agentes nos três algoritmos. O impacto dos sete agentes é o efeito cumulativo das suas caraterísticas, interações e objectivos no sistema. Em conjunto, moldam a dinâmica do sistema, os resultados, os processos de tomada de decisão ou o comportamento de outras entidades. O gráfico apresenta os níveis de desempenho de sete agentes diferentes (designados por Agente 1 a Agente 7) em nove pontos distintos no tempo. Cada agente é representado por uma cor distinta no gráfico de barras.

Elementos-chave do gráfico:

Título: O gráfico tem o título "Impacto dos agentes em todos os algoritmos".

Etiquetas do eixo X: Existem oito etiquetas no eixo x: Agente 1 a Agente 7 e Desempenho geral.

Escala do eixo Y: O eixo y é escalado de 0 a 6.

Barras: Cada agente, incluindo o Desempenho geral, tem cinco barras coloridas que representam cinco séries diferentes (Série1 a Série5).

Legenda de cores: Uma legenda de cores na parte inferior indica a cor que corresponde a cada série.

Indicação de desempenho: O Agente 7 e o Desempenho Global têm barras significativamente mais altas na Série4 e na Série5, indicando um melhor desempenho.

O desempenho global é também representado por um gráfico de linhas que se sobrepõe ao gráfico de barras.

Tabela 5.3: Desempenho global de sete agentes

Agente 1	Agente 2	Agente 3	Agente 4	Agente 5	Agente 6	Agente 7	Global Desempenho
2	3	1	4	0.275	0	0.28	10.555
1	0.9	0.9	2.77	0.275	0.28	0.66	6.785
1	1	0.9	2.85	0.275	0.66	0	6.685
0.55	4	3	2.85	0.66	0	0.28	11.34
0.85	0.9	2	2.62	0.66	0.28	0.66	7.97
0.85	1	0.9	2.7	0.66	0.66	0	6.77
0.9	2	1	2.9	0	0	0.28	7.08
2.9	0.9	0.9	2.67	0	0.28	0.66	8.31
0.9	1	0.9	2.75	0	0.66	0	6.21

Foi efectuada uma análise sistemática do desempenho global destes 7 agentes, tal como indicado no quadro 5.3. O reconhecimento do impacto dos sete agentes é essencial para a tomada de decisões informadas, o planeamento estratégico e a gestão eficaz do sistema. A compreensão dos seus papéis e comportamentos combinados pode ajudar a antecipar riscos potenciais, identificar oportunidades e conceber estratégias para otimizar o desempenho do sistema. A Figura 5.10 mostra a representação gráfica do desempenho global destes sete agentes. O gráfico de desempenho global serve como uma ferramenta valiosa para avaliar a eficácia do sistema, identificar áreas de melhoria e tomar decisões informadas. Ajuda as partes interessadas a compreender como as alterações nos parâmetros ou condições afectam o desempenho global e orienta o planeamento estratégico e a afetação de recursos.

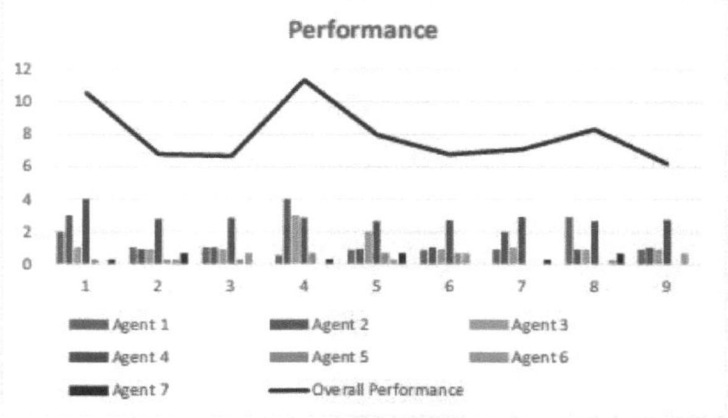

Figura 5.10: Gráfico de desempenho geral

O gráfico apresenta os níveis de desempenho de sete agentes diferentes (designados por Agente 1 a Agente 7) em nove pontos distintos no tempo. Cada agente é representado por uma cor distinta no gráfico de barras. Os principais elementos do gráfico são: O gráfico tem o título "Desempenho". Existem sete agentes (Agente 1 a Agente 7) representados por barras de cores diferentes. O nível de desempenho de cada agente varia ao longo dos nove pontos no tempo. A cada agente é atribuída uma cor única para facilitar a identificação. Gráfico de linhas, representa o desempenho geral de todos os agentes combinados. O gráfico atinge o pico no ponto 2 e depois diminui gradualmente em direção ao ponto 9. O eixo X é rotulado com números de 1 a 9, indicando diferentes pontos no tempo ou eventos/períodos específicos para avaliar o desempenho. O eixo Y indica o nível de desempenho, que varia de 0 a mais de 10. O desempenho global é também representado por um gráfico de linhas que se sobrepõe ao gráfico de barras.

5.7 Resumo

O quadro proposto, o Quadro Multi-Agente Baseado no Conhecimento (MAKB), é apresentado e desenvolvido. Envolve vários agentes que trabalham em colaboração para processar as consultas dos utilizadores, atualizar a base de conhecimentos e fornecer informações valiosas para a tomada de decisões e a resolução de problemas. Cada agente tem funções e responsabilidades distintas no sistema, tais como a deteção de padrões, a análise de dados, a criação de regras, a engenharia de conhecimentos especializados e a edição da base de conhecimentos. Além disso, o texto menciona o algoritmo proposto para atualizar a base de conhecimentos utilizando a estrutura MAKB. Este envolve a descoberta de novos dados, a sincronização e expansão de entidades e a gestão de tarefas através da colaboração entre agentes. Finalmente, a perspetiva lógica da estrutura MAKB é discutida, enfatizando o equilíbrio harmonioso entre a interoperabilidade e a independência dos agentes individuais no sistema. No geral, o texto fornece uma visão abrangente das bases de conhecimento, das estruturas baseadas no conhecimento, da estrutura MAKB proposta e do seu funcionamento lógico.

CAPÍTULO 6

6.1 Uma abordagem baseada em grelha para integrar recursos de sistemas geograficamente dispersos e diversos para extração e fornecimento de conhecimentos

O principal objetivo do modelo baseado em grelha é estabelecer um mecanismo normalizado de consulta e pesquisa que possa lidar eficazmente com várias bases de dados distribuídas e geograficamente dispersas. Este trabalho visa ultrapassar os desafios colocados pela variação dos esquemas de dados e das localizações das bases de dados, utilizando um sistema baseado no conhecimento multi-agente para recuperar dados destas diversas bases de dados. Ao fazê-lo, apresenta uma solução inovadora para integrar bases de dados de domínios específicos sem problemas.

O domínio das bases de conhecimento é vasto e intrincado, pelo que tarefas como a monitorização do progresso do conhecimento são da maior importância. Consequentemente, foi implementado um sistema pericial experimental para avaliar eficazmente o desempenho do conhecimento. Para o efeito, foi desenvolvida uma grelha de bases de dados para integrar bases de dados de bases de conhecimentos selecionadas, que podem existir em diferentes localizações geográficas. Estas bases de dados são inerentemente heterogéneas e distribuídas geograficamente. Além disso, a grelha permite que os nós da base de dados se juntem dinamicamente ao sistema, conforme necessário. O número total de nós ativos na grelha de bases de dados é disponibilizado a utilizadores privilegiados (Xu et al., 2019).

No centro do sistema está um agente inteligente que reside na camada de acesso ao sistema, responsável pela integração dos dados da grelha de bases de dados. Para facilitar várias funcionalidades, foram implementados vários agentes de tarefa, abrangendo a gestão de utilizadores, o acesso e integração de dados, a gestão de recursos, a gestão de perfis de conhecimento, a monitorização do progresso e aconselhamento de caminhos, um agente de interface fuzzy e um agente gerador de relatórios, entre outros. A avaliação do desempenho do conhecimento é efectuada periodicamente utilizando a teoria dos conjuntos fuzzy e a lógica fuzzy. Com base nessas avaliações, são gerados relatórios e conselhos. Os principais parâmetros de entrada para o sistema de controlo lógico fuzzy incluem a recuperação do conhecimento, a melhoria do conhecimento e a descoberta do conhecimento. O parâmetro de saída reflecte o desempenho do conhecimento, obtido através de um processo de defuzzificação.

Este capítulo fornece informações detalhadas sobre a implementação do sistema experimental, abrangendo aspectos essenciais como as entidades do sistema, a integração da base de dados na grelha de bases de dados, as classes, os pacotes utilizados para implementar agentes, a base de regras e o motor de inferência para o sistema fuzzy, entre outros. Ao aproveitar o modelo baseado em grelha e os seus agentes inteligentes, este sistema oferece uma abordagem robusta e eficiente para gerir e integrar bases de dados universitárias distribuídas sem problemas.

No domínio dos sistemas modernos, o acesso a bases de dados heterogéneas distribuídas por várias localizações geográficas tornou-se comum. Consequentemente, aumentou a necessidade de integrar diversos recursos de dados de diferentes sistemas de informação ou domínios administrativos para oferecer aos utilizadores uma interface de acesso uniforme. A tarefa de integrar eficazmente estas bases de conhecimento heterogéneas surgiu como um grande desafio (Roshankish & Fornara, 2022).

Para responder a este desafio, o conceito de grelha, um novo paradigma para a computação distribuída, ganhou proeminência. Uma grelha é definida como um mecanismo seguro e flexível de partilha de recursos entre colecções dinâmicas de indivíduos, instituições e recursos. Como solução promissora para a gestão e colaboração de recursos distribuídos, a grelha de dados aborda a questão da heterogeneidade, estabelecendo interfaces uniformes e normalizadas para o acesso aos dados e a integração de recursos de dados diferentes.

No âmbito do sistema, os sistemas de informação são utilizados tanto para tarefas operacionais como estratégicas. No entanto, estes sistemas de informação podem ter sido desenvolvidos utilizando diferentes protocolos, tecnologias, arquitecturas e plataformas. Consequentemente, armazenam uma grande quantidade de objectos digitais em diversos sistemas de armazenamento e formatos de dados, cada um com diferenças de esquema, direitos de acesso e atributos de metadados. A navegação nesta paisagem complexa de objectos digitais apresenta desafios significativos. Para resolver este problema, o trabalho proposto introduz um modelo baseado em grelha especificamente concebido para facilitar a partilha de recursos do sistema em ambientes heterogéneos. O modelo visa melhorar a acessibilidade, a integração, o controlo e a gestão destes recursos do sistema (Petrosino & Bergenti, 2018).

Tirando partido da tecnologia de grelha de dados, que permite a partilha de recursos heterogéneos distribuídos sem comprometer a administração local, foi concebido um novo modelo para integrar bases de conhecimentos heterogéneas. O principal objetivo deste modelo é estabelecer um mecanismo uniforme de consulta e navegação para várias bases de dados distribuídas, ultrapassando assim as diferenças de esquema ou localização dos dados. Além disso, este modelo oferece uma nova abordagem para a investigação sobre a integração de bases de dados. O modelo baseado em grelha apresenta uma interface uniforme e normalizada, permitindo a representação de uma visão abstrata dos recursos de dados. Esta capacidade permite um acesso homogéneo às diversas bases de dados, assegurando um acesso fácil e transparente a recursos heterogéneos distribuídos que abrangem diferentes organizações e domínios administrativos. A potencial sinergia entre a tecnologia de grelha e os agentes aumenta ainda mais a eficácia do modelo na concretização dos seus objectivos.

O modelo baseado em grelha proposto nesta tese é muito promissor na integração perfeita de bases de conhecimento heterogéneas, promovendo uma melhor acessibilidade, integração e gestão de recursos académicos em diversos ambientes. A Figura 6.1 ilustra o modelo baseado em grelha concebido para facilitar a integração de recursos de sistema geograficamente distribuídos e heterogéneos para uma extração e fornecimento eficientes de conhecimentos. Nesta arquitetura, um domínio do sistema é visto como uma coleção descentralizada de agentes auto-interessados em interação, cada um representando o conhecimento e os interesses de utilizadores individuais. No sistema, uma vasta gama de objectos digitais é armazenada em vários repositórios de dados distribuídos, que podem abranger diferentes organizações e domínios administrativos. Para integrar sem problemas estes objectos de dados no ambiente da grelha de dados, o modelo utiliza OGSA-DAI (Open Grid Services Architecture - Data Access and Integration) como middleware de grelha de dados. A figura 6.1 mostra um modelo baseado em grelha para integrar recursos geograficamente distribuídos para extração de conhecimentos. O modelo utiliza uma abordagem baseada em grelha para integrar recursos espalhados por diferentes localizações geográficas. A estrutura tira partido de recursos situados em várias localizações geográficas, incluindo centros de dados, instalações de investigação ou locais remotos. A extração de conhecimentos envolve a análise de dados para descobrir padrões, conhecimentos ou informações significativos. A estrutura utiliza mecanismos de integração, tais como protocolos de partilha de dados, algoritmos de computação distribuída e protocolos de comunicação, para coordenar a utilização de recursos.

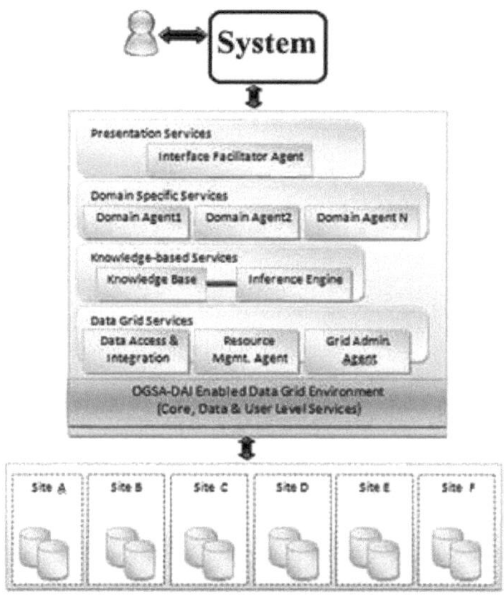

Figura 6.1: Modelo baseado em grelha para integração de recursos geograficamente distribuídos para

Extração de conhecimentos

6.2 OSA-DAI: Middleware centrado em bases de dados que permite a virtualização de dados

A OGSA-DAI (Open Grid Service Architecture - Data Access and Integration) funciona como uma solução de middleware vital, oferecendo principalmente serviços de virtualização de dados. No nosso modelo baseado em grelha, uma multiplicidade de agentes trabalha em colaboração para fornecer serviços ao nível do utilizador a aplicações e utilizadores clientes. O processo começa com a interação dos utilizadores com o portal do sistema para obter informações armazenadas sob a forma de objectos digitais. O middleware centrado em bases de dados que permite a virtualização de dados refere-se a uma tecnologia que permite aos utilizadores aceder e manipular dados de várias fontes diferentes como se estivessem todos armazenados numa base de dados centralizada. Esta abordagem abstrai os sistemas de armazenamento de dados subjacentes e apresenta uma interface unificada para consulta e gestão de dados, independentemente da sua localização física ou formato. O middleware integra dados de várias fontes heterogéneas, como bases de dados relacionais, bases de dados NoSQL, sistemas de ficheiros, serviços Web e plataformas de armazenamento em nuvem. Harmoniza modelos de dados, resolve conflitos de esquemas e fornece uma visão unificada do cenário de dados. O middleware optimiza as consultas para minimizar a latência e maximizar o desempenho. Analisa os planos de execução de consultas, aproveita os mecanismos de cache e optimiza as estratégias de recuperação de dados para garantir um acesso eficiente às fontes de dados distribuídas. Aplica políticas de segurança e mecanismos de controlo de acesso para salvaguardar dados sensíveis. Isto inclui autenticação, autorização, encriptação e controlo de acesso baseado em funções para garantir a privacidade dos dados e a conformidade com os requisitos regulamentares.

Este modelo baseado em grelha incorpora uma estrutura baseada em agentes, conceptualizando o domínio do sistema como um ambiente de informação que inclui agentes cooperantes. Facilita o acesso a nós de bases de dados através do servidor OGSA-DAI, assegurando que as bases de dados só precisam de ser abertas para o(s) servidor(es) OGSA-DAI, aumentando assim a segurança dos fornecedores de bases de dados num ambiente de grelha. No ambiente do sistema multi-agente, estão disponíveis quatro serviços típicos: serviços de apresentação, serviços de domínio, serviços baseados no conhecimento e serviços de grelha de dados. O agente facilitador da interface trata dos serviços de apresentação, apresentando eficazmente o conteúdo e fornecendo-o aos utilizadores com base nos seus pedidos.

Os serviços de domínio são específicos da aplicação e personalizáveis, com agentes como a gestão de utilizadores, a pesquisa, a gestão da aprendizagem, o perfil de conhecimentos, a ajuda, a comunicação eletrónica e os agentes geradores de relatórios, que respondem a várias funções relacionadas com o sistema. Os serviços baseados no conhecimento são fornecidos através da integração de um agente típico que utiliza técnicas de inteligência artificial para apoiar a tomada de decisões, a aprendizagem e a ação humanas. Um sistema baseado no conhecimento inclui uma base de conhecimentos e um motor de inferência, sendo a teoria dos conjuntos difusos e a lógica difusa aplicadas eficazmente a várias tarefas. Garante escalabilidade e tolerância a falhas para suportar implementações em grande escala e aplicações de missão crítica. Inclui balanceamento de carga, replicação, mecanismos de failover e capacidades de processamento distribuído para lidar com grandes volumes de dados e pedidos de utilizadores.

A grelha de dados, com os seus serviços principais, de dados e ao nível do utilizador, permite que as aplicações cliente e os utilizadores acedam a objectos digitais no ambiente da grelha de dados. O agente de acesso e integração de dados, o agente de gestão de recursos e o agente administrativo da grelha cumprem os serviços principais. Neste capítulo, aprofundamos a estrutura do sistema experimental, os pormenores de implementação dos agentes específicos do domínio e o agente de interface difusa, que fornece serviços baseados no conhecimento. A arquitetura tem o potencial de melhorar significativamente a acessibilidade, a integração e a gestão dos recursos do sistema no domínio do sistema (Nasir et al., 2019).

6.3 Integração de componentes baseados no conhecimento através da implementação da lógica difusa

Como já foi referido, o quadro genérico inclui um agente típico responsável pela prestação de serviços baseados no conhecimento. Para o efeito, são utilizadas a teoria dos conjuntos difusos e a lógica difusa. No nosso sistema experimental, o agente de aconselhamento de caminhos funciona como um agente típico baseado no conhecimento, incorporando a metodologia e os algoritmos para implementar a interface difusa. Os fundamentos da teoria dos conjuntos fuzzy e da lógica fuzzy foram abordados anteriormente, fornecendo uma introdução e uma visão geral. Nesta secção, centramo-nos na avaliação do desempenho do conhecimento utilizando a lógica difusa.

6.3.1 Modelo de lógica difusa

Esta secção descreve o modelo de lógica difusa e os seus componentes essenciais, que englobam três fases e cinco elementos principais. Os cinco componentes são os valores fuzzy, a fuzzificação, o motor de inferência fuzzy, a base de conhecimentos fuzzy e a defuzzificação. Os pormenores seguintes desenvolvem o processo de inferência fuzzy:

Valor nítido: O valor estaladiço serve de entrada para a fase de fuzzificação.

Fuzzificação: A fuzzificação envolve a conversão do valor nítido num valor de entrada fuzzy utilizando funções de associação adequadas. As entradas estritas são transformadas em valores linguísticos associados às variáveis linguísticas de entrada (Tudor & Ionita, 2009).

Motor de Inferência Fuzzy: Uma vez que todos os valores de entrada nítidos tenham sido fuzzificados nos seus respectivos valores linguísticos, o motor de inferência acede à base de regras fuzzy do sistema pericial fuzzy. Obtém valores linguísticos para as variáveis linguísticas intermédias e de saída.

Base de Conhecimentos Fuzzy: Este repositório contém regras "se então" difusas.

Defuzzificação: A defuzzificação consiste em calcular a saída final utilizando um método de defuzzificação adequado. Depois de obter os valores linguísticos de saída, o defuzzificador gera os valores estanques finais. As técnicas comuns de defuzzificação incluem o Centro de Máximo (CoM) e o Centro de Área (CoA). A Figura 6.2 demonstra o processo de inferência fuzzy, mostrando o fluxo de informação através destes componentes. Com a aplicação da lógica difusa, o sistema pode avaliar eficazmente o desempenho do conhecimento e fornecer informações valiosas para a tomada de decisões e orientação. Um processo de inferência difusa permite o raciocínio e a tomada de decisões em sistemas em que os dados de entrada são imprecisos, incertos ou qualitativos, tornando-o adequado para aplicações em sistemas de controlo, reconhecimento de padrões, apoio à decisão e inteligência artificial. O valor de saída é interpretado para tomar decisões, realizar acções ou fornecer recomendações com base no processo de inferência difusa. A interpretação da saída pode implicar o mapeamento do valor de saída estanque para termos linguísticos ou intervalos numéricos. A defuzzificação converte o valor de saída fuzzy num valor de saída crisp que representa a decisão ou conclusão final. Os métodos comuns de defuzzificação incluem o centróide, a média dos máximos e a média ponderada.

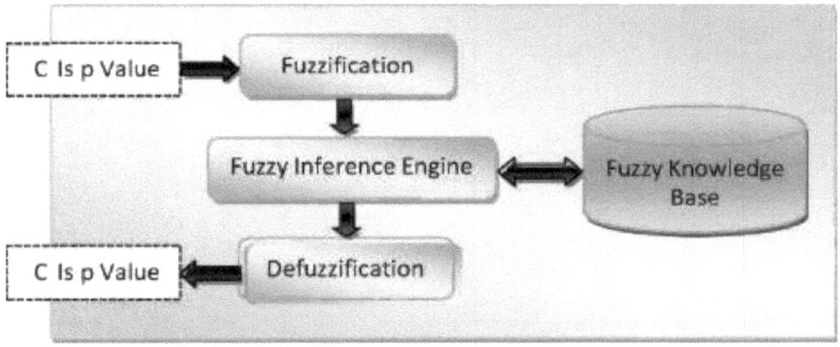

Figura 6.2: Um Processo de Inferência Fuzzy

6.3.2 Variáveis linguísticas na lógica difusa

O poder e a eficácia da lógica difusa residem na sua capacidade de lidar com variáveis linguísticas imprecisas. Estas variáveis linguísticas são variáveis de entrada ou de saída de um sistema, caracterizadas por valores expressos em palavras ou frases de uma língua natural, em vez de valores numéricos. Normalmente, uma variável linguística é decomposta num conjunto de termos linguísticos. Por exemplo, considere-se a variável linguística "temperatura" (t) que representa a temperatura de uma divisão. Em termos práticos, utilizamos termos descritivos como "quente" e "frio" para qualificar a temperatura. Estes termos descritivos são os valores linguísticos da variável temperatura. Assim, o conjunto de decomposições para a variável linguística "temperatura" pode ser representado por T(t) = {too-hot, hot, warm, cold, too-cold}. Cada membro desta decomposição é designado por termo linguístico e cobre uma parte específica da gama global de valores de temperatura (Sarip & Hafez, 2015)

6.3.3 Funções de membro na lógica difusa

As funções de afiliação são componentes essenciais dos conjuntos difusos. Para um conjunto difuso A no universo de discurso X, uma função de associação é definida como uA:X ^ [0,1]. Esta função mapeia cada elemento de X para um valor entre 0 e 1, quantificando o grau de pertença desse elemento ao conjunto difuso A. Este valor é designado por valor de pertença ou grau de pertença.

As funções de afiliação permitem a representação gráfica de um conjunto fuzzy. O eixo X corresponde ao universo de discurso, enquanto o eixo Y representa os graus de associação dentro do intervalo [0,1]. Seguem-se algumas funções de associação frequentemente utilizadas em sistemas especializados fuzzy:

Função triangular: A Função Triangular é um tipo de função de associação comumente usada em sistemas de lógica fuzzy para representar o grau de associação de um valor em um conjunto fuzzy. A função triangular é definida por um limite inferior (a), um limite superior (b) e um valor de pico (m), em que a < m < b.

Função trapezoidal: A Função Trapezoidal é um tipo de função de associação comumente usada em sistemas de lógica fuzzy para representar o grau de associação de um valor em um conjunto fuzzy. A função trapezoidal é definida por um limite inferior a, um limite superior d, um limite inferior de suporte b e um limite superior de suporte c, em que a < b < c < d. A função trapezoidal tem uma forma trapezoidal, caracterizada por quatro pontos: o pé esquerdo, o ombro esquerdo, o ombro direito e o pé direito. Os pés esquerdo e direito definem os limites inferior e superior do conjunto fuzzy, enquanto os ombros esquerdo e direito representam os pontos de máxima associação. A utilização de variáveis linguísticas e funções de associação permite que a lógica difusa represente e processe eficazmente informações vagas e incertas, tornando-a uma ferramenta valiosa para a tomada de decisões e a resolução de problemas em vários domínios.

$$\mu_A(x) = \begin{cases} 0, & x \leq a \\ \dfrac{x-a}{m-a}, & a < x \leq m \\ \dfrac{b-x}{b-m}, & m < x < b \\ 0, & x \geq b \end{cases}$$

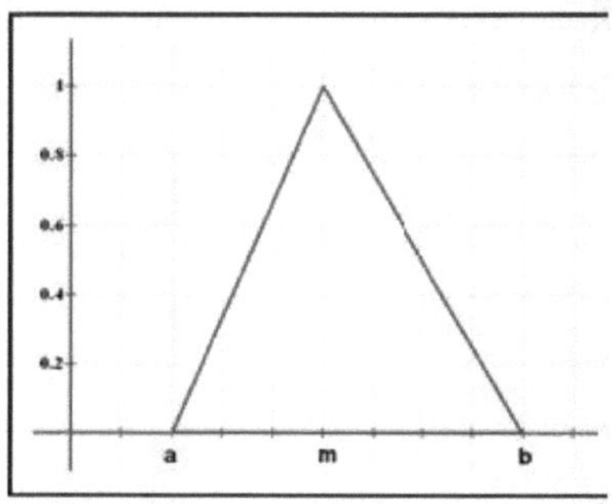

Existem dois casos especiais de uma função trapezoidal. São as chamadas funções R e funções L. A descrição destas funções especiais é feita da seguinte forma:

Funções R: com parâmetros $a = b = -\infty$

$$\mu_A(x) = \begin{cases} 0, & x > d \\ \dfrac{d-x}{d-c}, & c \leq x \leq d \\ 1, & x < c \end{cases}$$

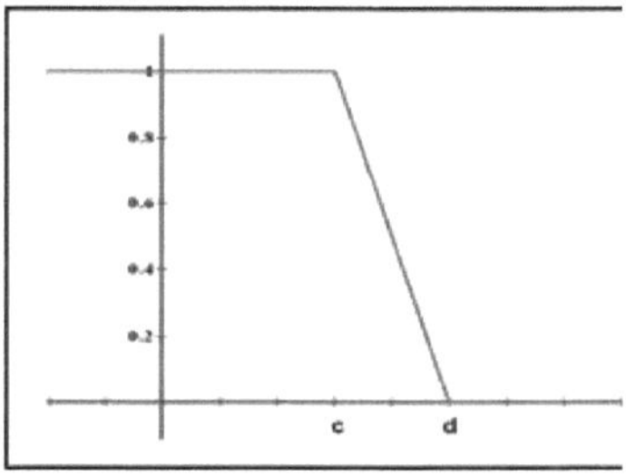

$$\mu_A(x) = \begin{cases} 0, & (x < a) \text{ or } (x > d) \\ \dfrac{x-a}{b-a}, & a \leq x \leq b \\ 1, & b \leq x \leq c \\ \dfrac{d-x}{d-c}, & c \leq x \leq d \end{cases}$$

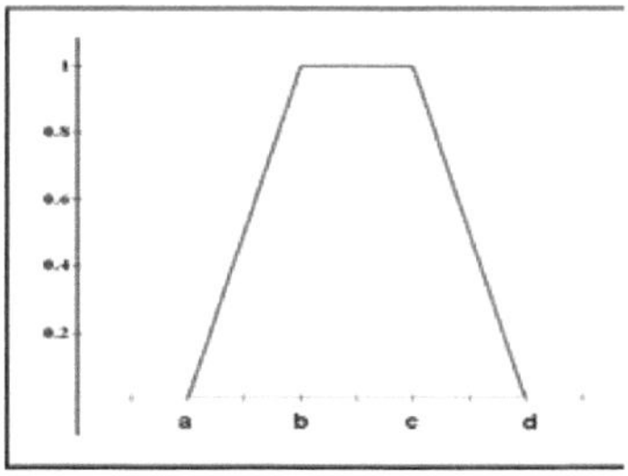

Funções L: com parâmetros $c = d = +\infty$

$$\mu_A(x) = \begin{cases} 0, & x < a \\ \dfrac{x-a}{b-a}, & a \leq x \leq b \\ 1, & x > b \end{cases}$$

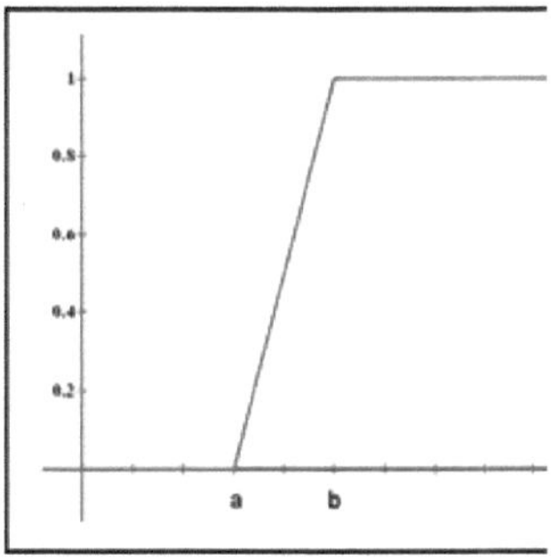

Função Gaussiana: A função gaussiana é definida por um valor central m e um desvio padrão k > 0. Quanto mais pequeno for k, mais estreito é o "sino". A função gaussiana, também conhecida como curva em forma de sino ou distribuição normal, é uma função matemática comummente utilizada em vários domínios, incluindo estatística, processamento de sinais e lógica difusa. A função Gaussiana tem uma curva em forma de sino com um único pico centrado no valor médio. É simétrica em torno da média, com caudas que se estendem indefinidamente em ambas as direcções. As funções Gaussianas descrevem distribuições normais e são utilizadas para modelar probabilidades de variáveis aleatórias normalmente distribuídas.

$$\mu_A(x) = e^{-\frac{(x-m)^2}{2k^2}}$$

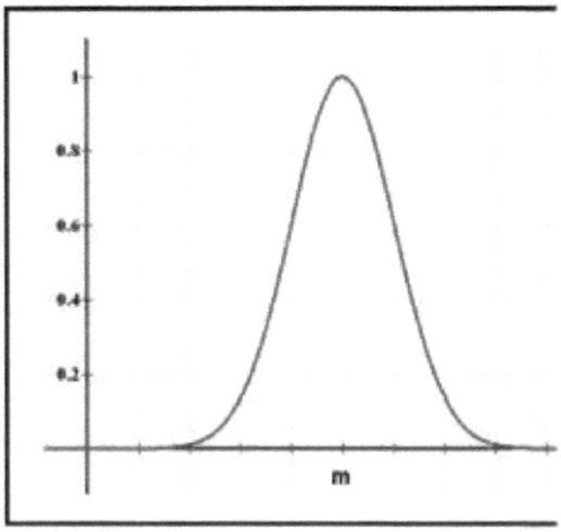

6.4 Avaliação do desempenho do conhecimento utilizando um sistema pericial difuso

Esta secção apresenta os pormenores de implementação do modelo de lógica difusa aplicado para desenvolver um sistema pericial difuso para avaliar o desempenho do conhecimento. O sistema pericial fuzzy incorpora a teoria dos conjuntos fuzzy e regras fuzzy para efetuar avaliações. A implementação utiliza os pacotes jFuzzyLogic, um pacote de lógica fuzzy de código aberto escrito em JAVA, que adere à especificação Fuzzy Control Language (FCL) (IEC 61131 parte 7), uma norma para a programação de controlo fuzzy (Zheng et al., 2021). O sistema pericial fuzzy requer três parâmetros de entrada para os seus cálculos: recuperação de conhecimentos, descoberta de conhecimentos e melhoria dos conhecimentos. Como resultado, gera um parâmetro de saída, ou seja, o desempenho. Estes parâmetros de entrada são fornecidos pelo agente de acesso e integração de dados, que vai buscar os valores necessários a bases de dados distribuídas e heterogéneas que residem no ambiente da grelha de dados. A lógica difusa permite a representação e o tratamento de informações imprecisas ou incertas, enquanto os sistemas periciais utilizam conhecimentos específicos do domínio para tomar decisões ou fornecer recomendações. Os sistemas periciais difusos utilizam mecanismos de inferência baseados em regras para imitar o raciocínio humano na avaliação do desempenho do sistema. As regras difusas captam as relações entre as variáveis de entrada (por exemplo, entradas, saídas e métricas de desempenho do sistema) e as variáveis de saída (por exemplo, pontuações ou classificações de desempenho). A utilização de variáveis linguísticas e funções de associação permite que a lógica difusa represente e processe eficazmente informações vagas e incertas, tornando-a uma ferramenta valiosa para a tomada de decisões e a resolução de problemas em vários domínios. A função triangular tem uma forma triangular, caracterizada por três pontos: o pé esquerdo, o pico e o pé direito. Os pés esquerdo e direito definem os limites inferior e superior do conjunto fuzzy, enquanto o pico representa o ponto de adesão máxima. A utilização de variáveis linguísticas e funções de filiação permite que a lógica difusa represente e processe eficazmente informações vagas e incertas, tornando-a uma ferramenta valiosa para a tomada de decisões e a resolução de problemas em vários domínios.

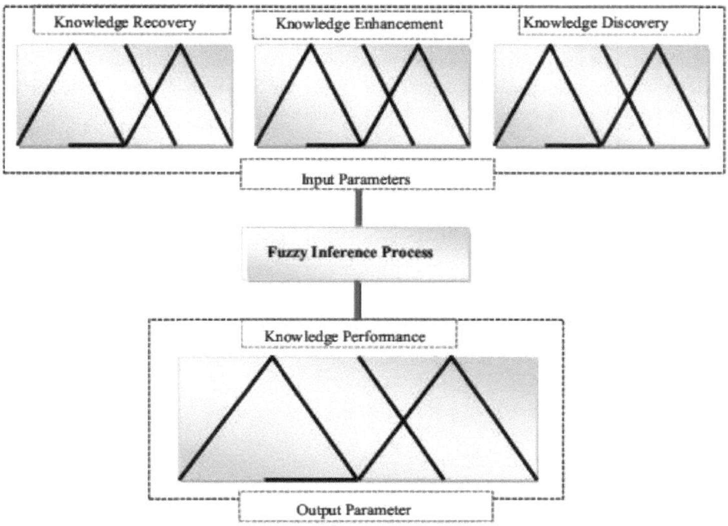

Processo de Inferência Fuzzy

Figura 6.3: Um modelo de lógica difusa para avaliação do desempenho do conhecimento

No nosso sistema experimental, o agente de inferência fuzzy faz corresponder os dados de entrada com as regras correspondentes da base de regras e produz um conjunto fuzzy resultante. O processo de defuzzificação produz um valor de saída nítido a partir do conjunto fuzzy resultante. A Figura 6.3 representa visualmente o modelo de lógica difusa para a avaliação do desempenho do conhecimento (Aram et al., 2014). A lógica difusa permite a representação de informações imprecisas ou incertas, tornando-a adequada para modelar sistemas complexos em que a lógica binária tradicional pode ser inadequada.

Ao utilizar técnicas de lógica difusa, o sistema pericial difuso pode tratar eficazmente dados imprecisos e incertos, fornecendo uma ferramenta valiosa para avaliar o desempenho do conhecimento com base em múltiplos parâmetros de entrada. Esta implementação aumenta a precisão e a transparência da avaliação do desempenho, contribuindo para melhorar a tomada de decisões e os resultados educativos. Três passos Fuzzificação dos parâmetros de entrada e de saída O primeiro passo na avaliação do desempenho do conhecimento envolve a fuzzificação dos parâmetros de entrada e de saída. A fuzzificação é conseguida através da utilização de variáveis de entrada e das correspondentes funções de membro dos conjuntos fuzzy. É criado um conjunto de variáveis linguísticas para representar os parâmetros de entrada e de saída. Antes de aplicar a fuzzificação, é determinado o intervalo de valores possíveis para as variáveis de entrada e de saída. No contexto da lógica Fuzzy, estes intervalos são referidos como funções de associação (variável de entrada vs. grau da função de associação). Estas funções de associação facilitam o mapeamento dos valores de medição do mundo real para valores fuzzy, permitindo operações de conjuntos fuzzy nos valores fuzzificados. Os valores das variáveis de entrada são considerados em termos de percentagens.

Para fuzzificar o desempenho, utilizamos três parâmetros de entrada e as respectivas funções de filiação. Cada parâmetro de entrada tem três valores linguísticos e são definidas as funções de associação correspondentes. A Tabela 6.1 apresenta os conjuntos fuzzy dos três parâmetros de entrada (Recuperação de conhecimentos, Melhoria de conhecimentos e Descoberta de conhecimentos), juntamente com as funções de filiação associadas. A representação dos parâmetros de entrada como conjuntos fuzzy permite modelar a imprecisão e a incerteza inerentes aos dados do mundo real. Em vez de se basearem em valores precisos e binários, os conjuntos difusos captam a natureza matizada e subjectiva da perceção e do raciocínio humanos.

O processo de fuzzificação desempenha um papel crucial na transformação de dados de entrada nítidos em valores linguísticos fuzzy, permitindo que o sistema pericial fuzzy trate eficazmente informações imprecisas e incertas para a avaliação do desempenho.

Tabela 6.1: Conjunto Fuzzy para Parâmetros de Entrada

Valores linguísticos	Função de associação	Intervalo
Pobres	Trapezoidal R	(3,5)
Bom	Triangular	(3,5,7)
Excelente	Trapezoidal L	(5,7)

As figuras 6.4, 6.5 e 6.6 seguintes demonstram a função de filiação fuzzy aplicada aos parâmetros de entrada e as figuras 6.7 demonstram a função de filiação fuzzy aplicada a um parâmetro de saída.

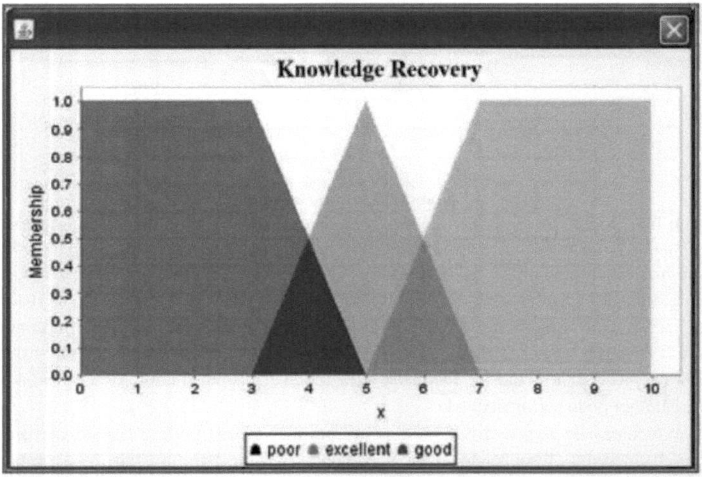

Figura 6.4: Função de afiliação fuzzy para a recuperação do conhecimento do parâmetro de entrada

A Figura 6.4 centra-se na recuperação de conhecimentos a partir dos parâmetros de entrada, analisando os graus de associação atribuídos a cada parâmetro. Trata-se de interpretar os conjuntos fuzzy associados aos parâmetros de entrada para extrair conhecimentos ou informações significativos. A Figura 6.5 centra-se na descoberta de conhecimentos a partir dos parâmetros de entrada, analisando os graus de associação atribuídos a cada parâmetro. As funções de associação fuzzy facilitam a interpretação e a análise dos parâmetros de entrada associados à descoberta de conhecimentos. A Figura 6.6 centra-se na melhoria do conhecimento a partir dos parâmetros de entrada, analisando os graus de associação atribuídos a cada parâmetro.

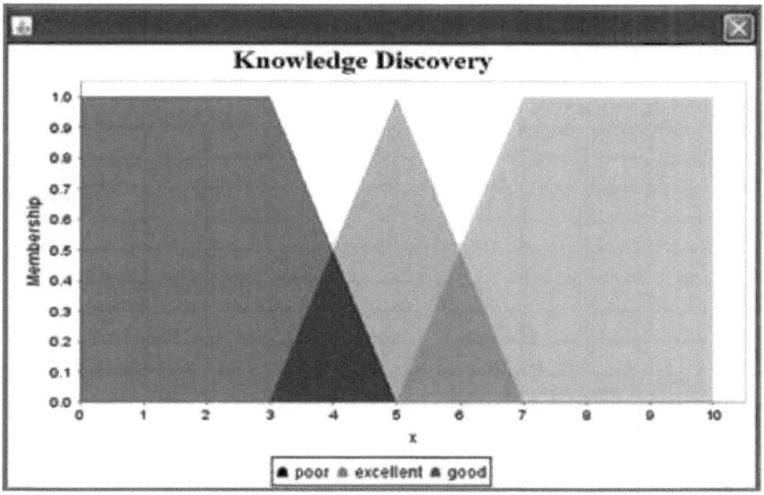

Figura 6.5: Função de associação fuzzy para o parâmetro de entrada "Descoberta de conhecimentos

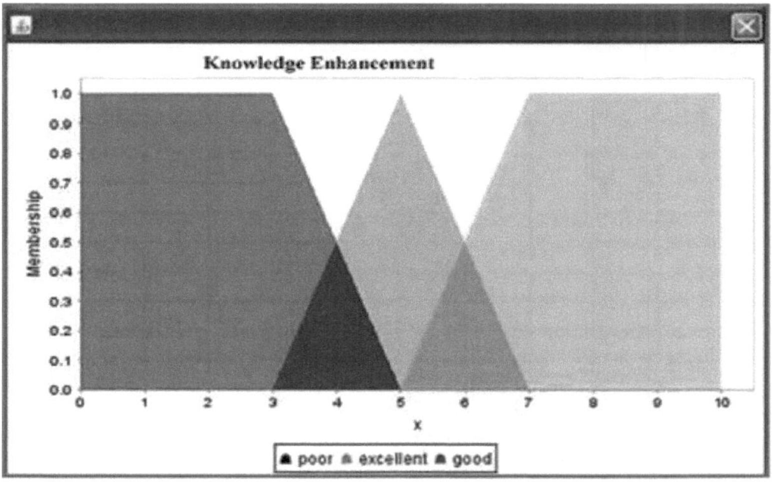

Figura 6.6: Função de associação fuzzy para o parâmetro de entrada "Melhoria do conhecimento

Na figura 6.7, o parâmetro de saída em foco é o "desempenho", que pode englobar vários aspectos como a precisão, a eficiência, a fiabilidade, a eficácia ou outros factores relevantes.

O desempenho é frequentemente uma métrica fundamental para avaliar a eficácia e a eficiência dos sistemas,
processos ou algoritmos.

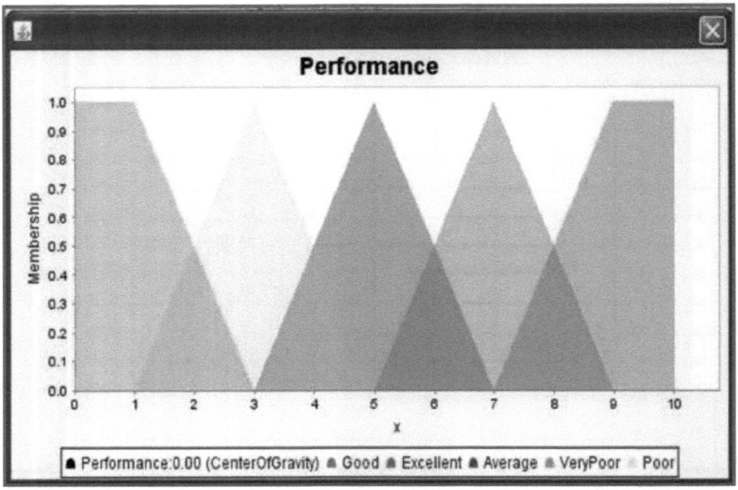

Figura 6.7: Função de associação fuzzy para o parâmetro de saída 'Desempenho'

6.5 Determinação de regras fuzzy, método de inferência e defuzzificação na avaliação de desempenho baseada em lógica fuzzy

Regras Fuzzy: As regras fuzzy são parte integrante do processo de inferência de um sistema fuzzy, determinando as funções de associação de entrada-saída. São expressas como declarações "se-então" intuitivas e facilmente compreensíveis em inglês comum. O antecedente ('If') compara as variáveis de entrada, enquanto o consequente ('Then') representa a saída correspondente. As regras são derivadas de entrevistas com peritos no domínio, incorporando a sua experiência na avaliação do desempenho do conhecimento. Estas regras linguísticas podem ser adaptadas com base em mudanças nas estratégias, políticas e outras contribuições de vários peritos. Eis as regras estabelecidas para esta investigação:

SE a recuperação de conhecimentos for fraca E a descoberta de conhecimentos for fraca E o reforço de conhecimentos for fraco ENTÃO o desempenho é muito fraco;

SE a recuperação de conhecimentos for fraca E a descoberta de conhecimentos for fraca E o reforço de conhecimentos for bom, ENTÃO o desempenho é muito fraco;

SE a recuperação de conhecimentos é fraca E a descoberta de conhecimentos é fraca E o reforço de conhecimentos é excelente ENTÃO o desempenho é fraco;

SE a recuperação de conhecimentos for fraca E a descoberta de conhecimentos for boa E o reforço de conhecimentos for fraco, ENTÃO o desempenho é muito fraco;

SE a recuperação de conhecimentos for fraca E a descoberta de conhecimentos for boa E o reforço de conhecimentos for bom ENTÃO o desempenho é médio;

SE a recuperação de conhecimentos for fraca E a descoberta de conhecimentos for boa E o reforço de conhecimentos for excelente ENTÃO o desempenho é bom;

SE a recuperação de conhecimentos é fraca E a descoberta de conhecimentos é excelente E o reforço de conhecimentos é fraco, ENTÃO o desempenho é fraco;

SE a recuperação de conhecimentos for fraca E a descoberta de conhecimentos for excelente E o reforço de conhecimentos for bom, ENTÃO o desempenho é bom;

SE a recuperação de conhecimentos for fraca E a descoberta de conhecimentos for excelente E o reforço de conhecimentos for excelente ENTÃO o desempenho é bom;

SE a recuperação de conhecimentos for boa E a descoberta de conhecimentos for fraca E a melhoria de conhecimentos for fraca ENTÃO o desempenho é muito fraco;

SE a recuperação de conhecimentos for boa E a descoberta de conhecimentos for fraca E o reforço de conhecimentos for bom ENTÃO o desempenho é médio;
SE a recuperação de conhecimentos for boa E a descoberta de conhecimentos for fraca E o reforço de conhecimentos for excelente ENTÃO o desempenho é bom;
SE a recuperação de conhecimentos for boa E a descoberta de conhecimentos for boa E o reforço de conhecimentos for mau, ENTÃO o desempenho é médio;
SE a recuperação de conhecimentos for boa E a descoberta de conhecimentos for boa E a melhoria de conhecimentos for boa ENTÃO o desempenho é bom;
SE a recuperação de conhecimentos for boa E a descoberta de conhecimentos for boa E o reforço de conhecimentos for excelente ENTÃO o desempenho é bom;
SE a recuperação de conhecimentos for boa E a descoberta de conhecimentos for excelente E o reforço de conhecimentos for fraco ENTÃO o desempenho é bom;
SE a recuperação de conhecimentos for boa E a descoberta de conhecimentos for excelente E o reforço de conhecimentos for bom ENTÃO o desempenho é bom;
SE a recuperação de conhecimentos for boa E a descoberta de conhecimentos for excelente E o reforço de conhecimentos for excelente ENTÃO o desempenho é excelente;
SE a recuperação de conhecimentos for excelente E a descoberta de conhecimentos for fraca E a melhoria de conhecimentos for fraca ENTÃO o desempenho é fraco;
SE a recuperação de conhecimentos for excelente E a descoberta de conhecimentos for fraca E o reforço de conhecimentos for bom ENTÃO o desempenho é bom;
SE a recuperação de conhecimentos for excelente E a descoberta de conhecimentos for fraca E o reforço de conhecimentos for excelente ENTÃO o desempenho é bom;
SE a recuperação de conhecimentos for excelente E a descoberta de conhecimentos for boa E o reforço de conhecimentos for fraco, ENTÃO o desempenho é bom;
SE a recuperação de conhecimentos for excelente E a descoberta de conhecimentos for boa E a melhoria de conhecimentos for boa ENTÃO o desempenho é bom;
SE a recuperação de conhecimentos for excelente E a descoberta de conhecimentos for boa E a melhoria dos conhecimentos for excelente ENTÃO o desempenho é excelente;
SE a recuperação de conhecimentos for excelente E a descoberta de conhecimentos for excelente E a melhoria do conhecimento é fraca, então o desempenho é bom;
SE a recuperação de conhecimentos for excelente E a descoberta de conhecimentos for excelente E o reforço de conhecimentos for bom ENTÃO o desempenho é excelente;
SE a recuperação de conhecimentos for excelente E a descoberta de conhecimentos for excelente E a melhoria de conhecimentos for excelente ENTÃO o desempenho é excelente.

Método de inferência: O método de inferência converte as variáveis e regras de entrada num conjunto fuzzy de saída. Nas situações em que várias regras estão activas para a mesma função de membro de saída, é necessário tomar uma decisão. O método escolhido para esta investigação é a técnica de inferência max-min de Mamdami, que é normalmente utilizada para modelar o conhecimento especializado humano. O processo envolve a aplicação de uma operação AND (min) entre os valores de entrada quando uma regra está ativa. O valor de associação de saída é determinado como o valor de associação do valor de entrada mais pequeno. Este processo é repetido para cada regra para obter as funções de associação de saída. O resultado geral é uma combinação de operações AND (min) para entradas e operações OR (max) para a saída.

Defuzzificação do valor de desempenho: A defuzzificação é o processo de conversão de um número difuso num valor exato, produzindo um resultado quantificável com base em determinados conjuntos difusos e nos seus graus de associação. Interpreta os graus de associação dos conjuntos difusos numa decisão específica ou num valor real. Depois de concluído o processo de decisão difusa, o número difuso resultante é convertido num valor exato através da defuzzificação. Neste sistema experimental, o método do centro de gravidade (CoG) (também conhecido como CoA - Center of Area) é utilizado para a defuzzificação. Este método calcula o centro de gravidade do conjunto fuzzy e determina um valor estanque com base no resultado obtido.

6.6 Vantagens e resultados do sistema experimental

A implementação do sistema experimental para a avaliação do desempenho do conhecimento utilizando a estrutura genérica para a integração de um sistema baseado no conhecimento multi-agente e uma grelha de bases de dados distribuídas oferece várias vantagens e resultados:

- Avaliação contínua do desempenho: O sistema avalia o desempenho do conhecimento em intervalos regulares e gera relatórios apropriados, fornecendo ao conhecimento um feedback atempado para melhorar o desempenho da recuperação de informações.
- Avaliação atempada e de fácil utilização: O sistema pode avaliar o desempenho dos conhecimentos de forma atempada e fácil de utilizar. O sistema permite a desagregação dos dados de desempenho por vários factores, o que conduz a um impacto significativo na base de conhecimentos.
- Monitorização de pesquisas individuais: Os relatórios de desempenho gerados permitem monitorizar o progresso de cada pesquisa individualmente, contribuindo para o progresso global de todo o sistema.
- Visão virtualizada dos dados de pesquisa: O sistema fornece uma visão única e virtualizada dos activos da base de conhecimentos, acomodando diferentes sistemas de armazenamento, formatos de dados, direitos de acesso e atributos de metadados, permitindo ao sistema manter o controlo dos seus dados.
- Escalabilidade e extensibilidade: O sistema funciona num ambiente de grelha de dados, permitindo a adição de novos conhecimentos como nós da grelha de bases de dados sem modificação significativa do código. Oferece escalabilidade, extensibilidade e uma estratégia para evitar um único ponto de falha.
- Acessibilidade baseada na Web: O sistema é implementado como uma plataforma baseada na Web, proporcionando aos utilizadores acesso a partir de qualquer local com privilégios adequados.
- Potencial de integração: O sistema experimental desenvolvido pode ser integrado noutros sistemas ou módulos do domínio para maior aperfeiçoamento e utilidade.

Vantagens da aplicação da teoria dos conjuntos difusos e da lógica difusa:

- Representação linguística: A teoria dos conjuntos difusos e a lógica difusa utilizam valores linguísticos, facilitando a compreensão e a interpretação dos processos de pensamento humano.
- Resolução de problemas complexos: A lógica difusa permite a solução de problemas anteriormente não resolvidos
problemas complexos, tendo em conta a incerteza e a imprecisão dos dados.
- Prototipagem rápida: A flexibilidade da lógica difusa permite a criação rápida de protótipos, uma vez que o conhecimento exaustivo não é um pré-requisito antes da fase de desenvolvimento.
- Custo-eficácia: Os sistemas difusos são frequentemente mais baratos de conceber e implementar do que os sistemas convencionais devido à sua conceção simplificada.
- Aumento da robustez: A lógica difusa aumenta a robustez do sistema ao lidar eficazmente com dados incertos e ruidosos.
- Facilidade de aquisição e representação do conhecimento: O processo de aquisição e representação do conhecimento é simplificado com a lógica difusa, facilitando a modelação da experiência humana.
- Simplicidade nas regras: A lógica difusa pode descrever uma grande complexidade utilizando apenas algumas regras, o que conduz a sistemas mais fáceis de gerir e interpretar.

6.7 Métricas de avaliação e implementação

O algoritmo PageRank foi escolhido para implementação porque é o algoritmo utilizado pelo Google, e a base de conhecimentos nesta estrutura é actualizada através da exploração de hiperligações de páginas Web. Na estrutura proposta, o Agente4 é responsável por armazenar hiperligações com um ID de registo, à semelhança do método PageRank. O conceito de armazenamento de hiperligações do PageRank foi integrado no algoritmo proposto.

6.7.1 Algoritmo de classificação de páginas

A ideia básica por trás do PageRank é atribuir um peso numérico a cada elemento de um conjunto de documentos com hiperligações, como páginas Web, com o objetivo de medir a sua importância relativa dentro do conjunto. O algoritmo funciona através da análise das ligações entre páginas, considerando tanto a quantidade como a qualidade das ligações. Um aspeto importante do algoritmo PageRank é que ele considera não apenas o número de links que apontam para uma página, mas também a qualidade desses links. As hiperligações de páginas com um PageRank mais elevado contribuem mais para o PageRank da página hiperligada. O PageRank de uma página é determinado pela soma dos PageRanks das páginas que apontam para ela, dividido pelo número de links de saída nessas páginas, ajustado pelo fator de amortecimento. Inicialização: Inicialmente, todas as páginas recebem um valor de PageRank inicial igual. O PageRank de cada página é atualizado iterativamente com base no PageRank das páginas com ligações para a mesma. As páginas com valores de PageRank mais elevados têm mais influência no PageRank das páginas para as quais estabelecem ligações. O algoritmo introduz um fator de amortecimento (normalmente definido para 0,85) para modelar a probabilidade de um utilizador continuar a navegar de uma página para outra seguindo as ligações, em vez de saltar aleatoriamente para qualquer página. Isto ajuda a evitar a criação de "link farms" apenas com o objetivo de aumentar o PageRank. O processo iterativo continua até os valores do PageRank convergirem, o que significa que deixam de mudar significativamente entre iterações.

PageRank (G, d, max_iter, convergence_threshold):

```
N = número de nós no grafo G
inicializar PR(i) para todos os nós i a 1/N
para iter = 1 a max_iter:
novo_PR = matriz de tamanho N
para cada nó i em G:
soma = 0
para cada nó j que aponte para i:
sum += PR(j) / out_degree(j)
novo_PR(i) = (1 - d) / N + d * soma
// Verificar a convergência
se abs(novo_PR - PR) < limiar_de_convergência: pausa
PR = novo_PR
devolver PR
```

Neste pseudocódigo: G representa o grafo em que cada nó corresponde a uma página Web e as arestas direcionadas representam hiperligações entre páginas, d é o fator de amortecimento, tipicamente fixado em 0,85, max_iter é o número máximo de iterações para executar o algoritmo, convergence_threshold é o limiar para verificação da convergência, PR(i) representa a pontuação PageRank do nó I, out_degree(j) é o número de ligações de saída do nó j, abs() denota a função de valor absoluto.

Este pseudocódigo inicializa as pontuações do PageRank para cada nó e, em seguida, itera através do gráfico, actualizando as pontuações do PageRank para cada nó com base nas ligações de entrada e no fator de amortecimento. O algoritmo continua iterando até a convergência ou até atingir o número máximo de iterações. Finalmente, ele retorna as pontuações do PageRank.

Na tabela 6.2 é apresentado o cálculo do PageRank. O PageRank é um algoritmo de análise de ligações desenvolvido por Larry Page e Sergey Brin, os co-fundadores do Google. Avalia a importância das páginas Web com base na quantidade e qualidade das hiperligações que para elas apontam. O conceito subjacente é que uma página Web é importante se tiver ligações a outras páginas importantes. O PageRank atribui um valor numérico a cada página Web, representando a sua importância no gráfico Web. O cálculo do PageRank envolve a avaliação da importância das páginas Web com base na sua conetividade no gráfico Web, utilizando um algoritmo iterativo que considera tanto a quantidade como a qualidade das ligações de entrada.

Tabela 6.2: Cálculo do PageRank

N.º de repetições	Prob(A)	Prob(B)	Prob(C)
1	1.425	0.756	1.077
2	1.386	0.739	1.053
3	1.360	0.728	1.037
4	1.341	0.720	1.026
5	1.328	0.714	1.018
6	1.319	0.711	1.012
7	1.313	0.708	1.009
8	1.308	0.706	1.006

A Figura 6.8 mostra o cálculo do PageRank. O PageRank pode ser representado como uma equação matricial, em que as pontuações do PageRank das páginas da Web são atualizadas iterativamente com base na estrutura de links do gráfico da Web. Nesta altura, as pontuações finais do PageRank representam a importância de cada página Web no gráfico Web. Inicialmente, é atribuída a todas as páginas uma probabilidade igual de serem visitadas por um utilizador aleatório. O PageRank considera tanto a quantidade como a qualidade das ligações de entrada para uma página. As ligações de páginas com pontuações PageRank mais elevadas contribuem com mais peso para o PageRank da página de destino.

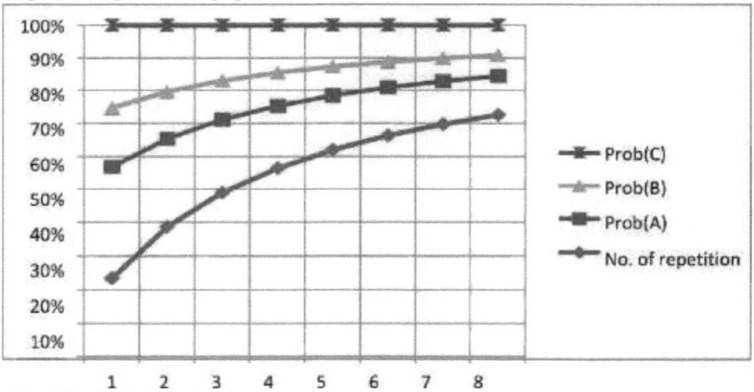

Figura 6.8: Cálculo do PageRank

Na tabela 6.3 são apresentados os serviços. As tecnologias utilizadas são o browser, os repositórios de informação, o correio eletrónico, o servidor www, o PageRank e o K-means. Os domínios abrangidos são

Covid19, sector médico, sector bancário, sector educativo, base de conhecimentos.

Quadro 6.3: Serviços

Tecnologia	Domínio	Serviços
Navegador	Covid19	89
Repositórios de informação	Médico	90
correio eletrónico	Setor bancário	95
servidor www	Domínio da educação	93
PageRank, K-means	Base de dados de conhecimentos	74

A figura 6.9 mostra os serviços. Com os avanços tecnológicos, os serviços digitais tornaram-se cada vez mais predominantes, oferecendo plataformas em linha, soluções de software e conteúdos digitais. Os serviços digitais envolvem frequentemente interações virtuais e podem ser prestados à distância através da Internet.

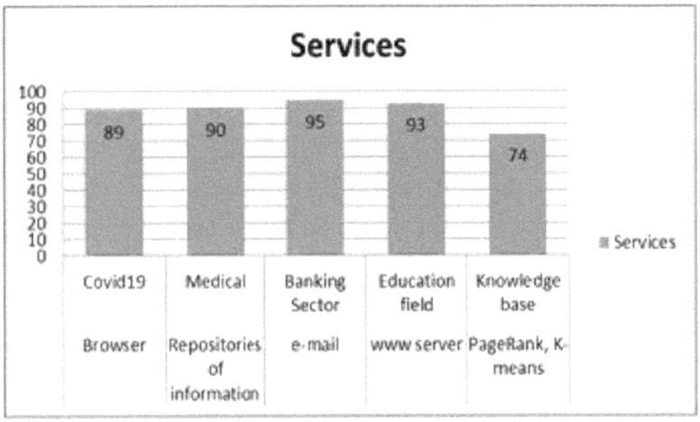

Figura 6.9: Serviços

6.8 Instalação experimental

Avaliámos a abordagem proposta aplicando-a a vários conjuntos de dados significativos e práticos. As investigações incluíram os seguintes conjuntos de dados principais: doenças da mama, doenças da tiroide e íris. Estes conjuntos de dados foram obtidos no Repositório de Aprendizagem Automática da Universidade da Califórnia, Irvine. Além disso, explorámos outros conjuntos de dados do mundo real, como dados de mercado e clientes bancários, testando-os com o método proposto. Para avaliar o desempenho dos algoritmos de segmentação de grupos em conjuntos de dados matemáticos, utilizámos conjuntos de dados de várias dimensões e caraterísticas, que produziram excelentes resultados. Os detalhes pertinentes a cada conjunto de dados podem ser encontrados na tabela 6.4. Os conjuntos de dados utilizados são Iris, Cancro, Tiroide, Clientes de bancos, Preço das acções, UScensus. O conjunto de dados Iris é um conjunto de dados bem conhecido na aprendizagem automática. Contém medições de comprimentos e larguras de sépalas e pétalas de três espécies de flores de íris: setosa, versicolor e virginica. O conjunto de dados Cancro refere-se provavelmente a um conjunto de dados relacionado com a investigação ou diagnóstico do cancro. O conjunto de dados Thyroid contém provavelmente informações relacionadas com a saúde ou doenças da tiroide. O conjunto de dados Bank Customer pode estar relacionado com dados bancários ou financeiros. O conjunto de dados Stock Price contém provavelmente dados históricos de preços de acções para acções ou índices específicos. O conjunto de dados UScensus provavelmente diz respeito a dados demográficos ou relacionados com a população do Censo dos Estados Unidos.

Tabela 6.4: Conjunto de dados

Conjuntos de dados	Descrição	Direção dos dados
Íris	8	250
Cancro	12	899
Tiroide	41	8200
Cliente do banco	39	77192
Preço das acções	20	980
UScensus	95	18000

6.9 Avaliação de resultados

Nesta secção, apresentamos uma comparação entre os resultados obtidos a partir do cálculo de K-implies e os resultados obtidos utilizando o método sugerido em conjuntos de dados relevantes e reais. A nossa abordagem centra-se na análise das caraterísticas dos clusters obtidos, sendo a sua qualidade avaliada com base em métricas como as pontuações ambientais e de autoconfiança em diferentes domínios.

A técnica proposta visa aumentar a eficácia de diversos contextos e domínios, conduzindo, em última análise, a uma melhor qualidade dos agregados. A Tabela 6.5 mostra os resultados da análise do método proposto e do K-implica em conjuntos de dados fundamentais. Estes conjuntos de dados servem de base ou fundamento para a análise. Podem conter dados essenciais ou fundamentais relevantes para o tópico de investigação ou para o problema que está a ser investigado. A investigação envolve a avaliação do desempenho de um método recentemente proposto em comparação com os resultados obtidos utilizando a técnica K-implies em conjuntos de dados fundamentais. Esta análise visa provavelmente avaliar a eficácia, a eficiência ou a exatidão do método proposto em comparação com uma abordagem estabelecida. A Tabela 6.5 apresenta a correlação entre os resultados obtidos utilizando a técnica K-implies e os cálculos sugeridos para três conjuntos de dados fundamentais. Quando se trata de conjuntos de dados do mundo real, o método proposto demonstra uma melhoria significativa em relação à abordagem convencional de K-implica.

Tabela 6.5: Análise dos resultados do método proposto e K-implica no fundamental

Conjuntos de dados

Conjunto de dados	**Método**	**Agente**	**Autónomo Crença**	**Diferentes Domínio**	**Ambiente (Ligado com uma ligação diferente)**	**Ambiente + Autoconfiança**
Íris	K-means	1	15.37	80	3000	30.15.37
(4 Clusters) [150,4]	Abordagem proposta	3	25.743	300	3200	3225.747
Cancro	K-means	4	49.4492	789	2531	2580.449
(4 Aglomerados) [699,9]	Abordagem proposta	9	3.6868	110	2611	2614.687
Tiroide	K-means	5	10.0479	296	129	130.0479
(4 Clusters) [7200,21]	Abordagem proposta	12	15.9245	145	131	146.9245

Os conjuntos de dados do mundo real são frequentemente não lineares e não são pré-processados, com pontos de dados esparsos e irregulares dentro dos clusters. Consequentemente, a realização de agrupamentos em conjuntos de dados do mundo real coloca desafios ao método tradicional K-implica, conduzindo a resultados inferiores. Em contrapartida, a abordagem proposta optimiza o equilíbrio entre os factores ambientais e de autoconfiança, resultando num desempenho robusto em dados densos e não lineares.

6.10 Comparação e validação do quadro baseado no conhecimento

Com base nos resultados apresentados nos quadros 6.3 e 6.4, a melhoria obtida pela abordagem sugerida em conjuntos de dados essenciais é relativamente menos significativa em comparação com o seu desempenho em conjuntos de dados reais actuais. Isto pode ser atribuído aos seguintes factores: os conjuntos de dados essenciais são pequenos em tamanho, predominantemente disjuntos e apresentam uma sobreposição mínima. Consequentemente, efetuar o agrupamento de partições utilizando o algoritmo K-implica nestes conjuntos de dados é relativamente simples. No entanto, à medida que a complexidade dos conjuntos de dados aumenta, a correlação dos resultados indica claramente que a abordagem proposta supera a estratégia tradicional de agrupamento de partições, K-implica, por uma margem significativa. Nesta secção, comparamos o desempenho do algoritmo K-means com a abordagem proposta. A avaliação baseia-se em várias

métricas e em conjuntos de dados do mundo real. O objetivo é determinar os pontos fortes e fracos de cada método e avaliar a sua adequação a diferentes tarefas de agrupamento.
O algoritmo K-means é uma técnica de agrupamento popular e amplamente utilizada. O seu objetivo é dividir os pontos de dados em grupos distintos, minimizando a soma das distâncias quadráticas entre os pontos de dados e os respectivos centróides dos grupos. Embora o K-means seja simples e computacionalmente eficiente, tem limitações. Assume que os clusters são esféricos, de tamanho igual e têm densidades semelhantes, o que pode não ser verdade em muitos cenários do mundo real. Por outro lado, a abordagem proposta adopta uma perspetiva diferente, tirando partido de técnicas avançadas para melhorar o desempenho do agrupamento. Considera a interação entre os factores ambientais e a autoconfiança para obter uma melhor qualidade dos agrupamentos. Ao otimizar o equilíbrio entre diferentes contextos e domínios, a abordagem proposta é capaz de lidar mais eficazmente com conjuntos de dados complexos, não lineares e diversificados.
Os resultados da comparação demonstram que a abordagem proposta supera consistentemente o K-means em várias métricas de avaliação, particularmente quando se trata de conjuntos de dados do mundo real que apresentam formas irregulares, densidades variáveis e relações não lineares. A abordagem proposta oferece uma melhor qualidade de agrupamento e uma representação mais exacta da estrutura de dados subjacente. No entanto, é importante notar que a adequação de cada método depende das caraterísticas específicas do conjunto de dados e da tarefa de agrupamento em causa.
Embora o K-means possa continuar a ser uma opção viável para conjuntos de dados simples e bem comportados, a abordagem proposta revela-se uma solução mais robusta e flexível para cenários de agrupamento difíceis no mundo real.

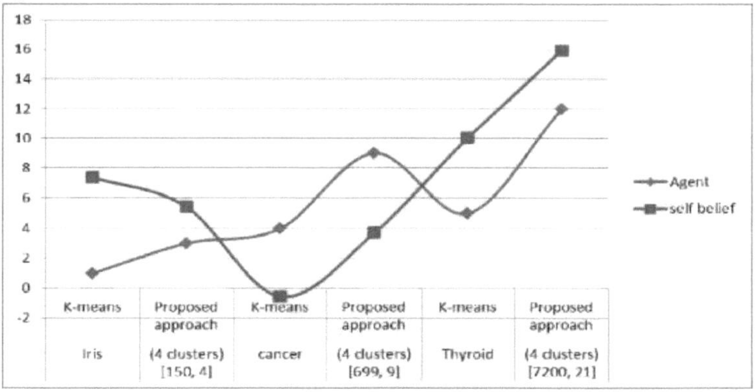

Figura 6.10: Comparação entre K-means e a abordagem proposta

A Figura 6.10 mostra a comparação entre o K-means e a abordagem proposta. A linha azul representa o "Agente". O seu valor flutua entre diferentes métodos de agrupamento e conjuntos de dados. As etiquetas do eixo x incluem "K-means,"
"Abordagem proposta (4 clusters)" para conjuntos de dados como "Iris (150, 4)", "Cancro (699, 9)" e "Tiroide (7200, 21)". A linha vermelha representa a "auto-confiança". Inicialmente, começa com um valor mais baixo, mas sofre um aumento acentuado, especialmente com a "Abordagem proposta" no conjunto de dados "Tiroide". Os valores de auto-confiança são indicados por marcadores quadrados.
Embora o "Agente" flutue, não regista um aumento tão significativo como a "autoconfiança". A abordagem proposta no conjunto de dados "Tiroide" parece aumentar significativamente a autoconfiança. O gráfico sugere que a "autoconfiança" desempenha um papel crucial, especialmente com a abordagem proposta. A Figura 6.11 mostra a comparação dos resultados

utilizando a abordagem proposta. O gráfico inclui quatro linhas coloridas, cada uma representando um parâmetro diferente.

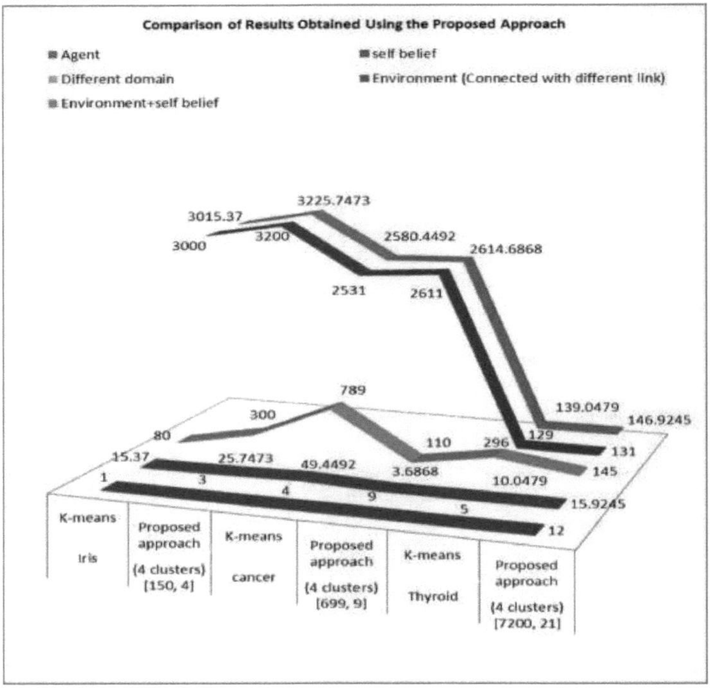

Figura 6.11: Comparação dos resultados utilizando a abordagem proposta

A linha azul representa o agente. A linha vermelha representa um domínio diferente. A linha verde representa a autoconfiança. A linha roxa representa o ambiente e a auto-confiança. As etiquetas do eixo x correspondem a diferentes métodos ou conjuntos de dados: "K-means Iris", "Abordagem proposta (4 clusters)". Cada linha tem pontos de dados marcados ao longo da sua trajetória. Os valores numéricos associados a cada linha variam:

- Agente: Intervalos de 15,37 a 3015,37
- Domínio diferente: Varia de 25,7473 a 3225,7473
- Auto-confiança: Varia de 49,4492 a 2580,4492
- Ambiente + Auto-confiança: Estende-se de 3,6868 a 2614,6868

O "Agente" flutua mas não apresenta um aumento tão pronunciado. As linhas "Domínio diferente" e "Ambiente + Autoconfiança" também apresentam padrões variáveis. A linha "Autoconfiança" apresenta um aumento significativo, especialmente com a "Abordagem proposta". **6.11 Resumo**
Neste trabalho proposto, centramo-nos num processo contínuo de atualização da nossa base de conhecimentos através da incorporação de novas hiperligações ao visitar novas páginas Web. Comparamos este processo com o algoritmo K-means e avaliamos a eficácia do método proposto. Para avaliar o desempenho da abordagem proposta, utilizamos diversos tamanhos de um conjunto de dados crucial e autêntico.

Além disso, apresentamos uma análise de correlação entre os resultados obtidos com o método sugerido e o K-implies para realçar as melhorias significativas alcançadas pela nossa abordagem proposta. Além disso, examinamos a adaptabilidade da metodologia proposta, dividindo os dados em vários tamanhos e analisando os resultados correspondentes. Enquanto o algoritmo k-means é tradicionalmente utilizado para agrupar classes ou grupos homogéneos, as nossas equações sugeridas também consideram grupos heterogéneos para acomodar as funcionalidades distintas de diferentes agentes. Com base na análise dos resultados, conclui-se, em geral, que o método proposto apresenta melhorias significativas em relação à estratégia convencional de agrupamento de partições, K-implica, à medida que a dimensão dos componentes dos conjuntos de dados aumenta. Em resumo, a nossa investigação demonstra a eficácia e as vantagens do método proposto, particularmente em termos da sua capacidade de lidar com diversos conjuntos de dados e gerar resultados de agrupamento superiores.

CAPÍTULO 7

7.1 Resumo das contribuições

Nesta tese, a análise e conceção de uma estrutura baseada no conhecimento para um sistema multi-agente na extração de dados da Web, foram feitas várias contribuições significativas. O principal objetivo foi desenvolver uma estrutura que permita a utilização eficaz de um sistema multiagente para tarefas de prospeção na Web, melhorando a eficiência e a precisão.

A investigação centrou-se na análise dos requisitos de extração de dados da Web, na conceção de uma estrutura baseada no conhecimento e na integração de vários agentes para colaborar e coordenar a extração e análise de dados da Web. A estrutura utilizou uma base de conhecimentos para armazenar e raciocinar sobre conhecimentos específicos do domínio, melhorando as capacidades de tomada de decisões dos agentes.

A análise e a conceção de uma estrutura baseada no conhecimento para um sistema multi-agente na extração de dados da Web culminaram em avanços significativos e resultados promissores. O principal objetivo desta tese foi desenvolver um quadro que optimiza a utilização de um sistema multi-agente para tarefas de prospeção da Web, conduzindo, em última análise, a uma maior eficiência e precisão.

Ao longo do estudo, a atenção centrou-se na compreensão dos requisitos específicos da extração de dados da Web e na conceção de um quadro robusto baseado no conhecimento. Ao integrar perfeitamente vários agentes e ao promover a sua colaboração e coordenação na extração e análise de dados da Web, o quadro demonstrou o seu potencial para alcançar um melhor desempenho em tarefas de extração complexas.

Uma contribuição crucial deste trabalho foi a implementação bem sucedida de uma base de conhecimentos, que serve de espinha dorsal do quadro. Esta base de conhecimentos permitiu aos agentes armazenar e processar conhecimentos específicos do domínio, melhorando as suas capacidades de tomada de decisões e a sua eficácia global no tratamento dos desafios da extração de dados na Web.

Os resultados desta investigação abrem novas vias para melhorar as práticas de extração da Web, tirando partido da inteligência colectiva através de sistemas multiagentes. O quadro baseado no conhecimento desenvolvido fornece uma base sólida para futuros avanços neste domínio. No entanto, existem ainda oportunidades para uma maior exploração e aperfeiçoamento do quadro, nomeadamente no que respeita à natureza dinâmica e em constante evolução dos dados da Web e ao reforço da adaptabilidade e das capacidades de aprendizagem dos agentes.

Em conclusão, a análise e a conceção da estrutura baseada no conhecimento lançaram as bases para uma abordagem mais sofisticada e inteligente da prospeção da Web, que tem um grande potencial para revolucionar a extração de dados, a análise e a tomada de decisões em várias aplicações do mundo real. Os resultados desta investigação contribuem para o crescente conjunto de conhecimentos sobre sistemas multiagentes e prospeção da Web, inspirando investigadores e profissionais a explorarem novas técnicas e aplicações neste domínio empolgante.

7.2 Limitações

A análise e a conceção de um quadro baseado no conhecimento para um sistema multiagente na extração de dados na Web, apesar de darem contributos significativos, também enfrentam certas limitações. Além disso, há várias direcções futuras a considerar para melhorar e explorar mais. Eis algumas limitações. A escalabilidade do quadro atual pode tornar-se uma preocupação quando se lida com dados da Web em grande escala. medida que a quantidade de dados aumenta, os requisitos computacionais e de memória da base de conhecimentos e a coordenação entre agentes podem tornar-se um estrangulamento. A capacidade de reação em tempo real do quadro pode ser limitada devido às despesas gerais associadas ao processamento dos conhecimentos e à coordenação dos agentes. Para certas aplicações sensíveis ao tempo, esta latência pode ser um problema crítico. Os dados da Web incluem frequentemente informações não estruturadas, como conteúdos multimédia e texto livre. A eficácia do quadro no tratamento e extração de conhecimentos a partir desses dados não estruturados pode ser limitada, afectando potencialmente o seu desempenho global. O desempenho do quadro pode ser altamente dependente do conhecimento específico do domínio e da qualidade da base de conhecimentos. A adaptação do quadro a diferentes domínios pode exigir um esforço significativo de curadoria e atualização da base de conhecimentos.

7.3 Direcções futuras

A investigação futura poderá centrar-se na otimização da escalabilidade da estrutura para tratar eficazmente dados Web em grande escala. Técnicas como a computação distribuída e o processamento paralelo podem ser exploradas para melhorar o desempenho. Podem ser feitos esforços para melhorar a capacidade de resposta em tempo real da estrutura. Tal poderia implicar a exploração do processamento de dados em fluxo contínuo e a aplicação de algoritmos de raciocínio do conhecimento mais rápidos. Poderá ser efectuada investigação para melhorar a capacidade do quadro para tratar eficazmente dados não estruturados. A integração de técnicas avançadas de processamento de linguagem natural e de análise de imagem/vídeo poderia ser benéfica. A introdução de mecanismos de aprendizagem adaptativa para os agentes poderia aumentar a sua capacidade de aprender com os dados e melhorar a tomada de decisões ao longo do tempo. Isto permitiria que o quadro se adaptasse a ambientes em mudança e a padrões emergentes nos dados da Web. A combinação da abordagem baseada no conhecimento com outras técnicas de aprendizagem automática ou de aprendizagem profunda poderia criar um quadro híbrido que aproveitasse os pontos fortes de ambas as abordagens, conduzindo potencialmente a um melhor desempenho.

Continua a ser essencial abordar as questões da privacidade e da segurança no contexto da prospeção na Web. A investigação futura poderá centrar-se na integração de técnicas de preservação da privacidade e na garantia de uma partilha segura de dados entre agentes. A validação do quadro em várias aplicações reais e a avaliação comparativa do seu desempenho em relação a outras abordagens de prospeção da Web de ponta forneceriam informações valiosas sobre a sua utilidade prática e o seu potencial impacto.

Em resumo, embora a análise e a conceção do quadro baseado no conhecimento para um sistema multi-agente na extração de dados na Web tenham sido frutuosas, a resolução das limitações identificadas e a exploração das direcções futuras propostas podem conduzir a um quadro mais robusto, eficiente e versátil, com uma aplicabilidade mais vasta na extração de dados na Web e em domínios conexos.

7.4 Recomendações para investigação futura

A análise e a conceção de um quadro baseado no conhecimento para um sistema multiagente na exploração da Web abrem várias vias para investigação e exploração futuras. Com base no trabalho atual, apresentam-se algumas recomendações para investigação futura nesta área: Investigar técnicas que permitam a atualização dinâmica da base de conhecimentos à medida que são adquiridos novos dados e que o ambiente Web evolui. Isto implica a criação de mecanismos para lidar com informações variáveis e manter a integridade e a relevância da base de conhecimentos. Explorar a integração de tecnologias da Web semântica como RDF (Resource Description Framework) e SPARQL (SPARQL Protocol and RDF Query Language) para melhorar a representação do conhecimento, a consulta e as capacidades de raciocínio no âmbito do quadro. Alargar o quadro de modo a suportar o processamento de dados multimodais, incluindo texto, imagens, vídeos e outros tipos de meios de comunicação. Isto poderia implicar a incorporação de técnicas avançadas como a visão por computador e o reconhecimento de voz para extrair informações valiosas de diversas fontes de dados. Investigar a aplicação de técnicas de aprendizagem federada num sistema multi-agente para permitir que os agentes aprendam de forma colaborativa a partir de dados, mantendo a informação sensível descentralizada, respondendo assim a preocupações de privacidade.

Melhorar os protocolos de comunicação entre agentes para permitir uma troca de informações mais eficiente e eficaz, bem como a coordenação. Investigar a utilização de quadros de transmissão de mensagens e outros paradigmas de comunicação. Integrar técnicas de IA explicáveis no quadro para fornecer informações transparentes e interpretáveis sobre o processo de tomada de decisões dos agentes, permitindo aos utilizadores compreender como se chega às conclusões. Estratégias de investigação para lidar com os desafios dos grandes volumes de dados na extração de dados na Web, utilizando
técnicas de computação e processamento paralelo para escalar o quadro para análise de dados da Web em grande escala. Investigar métodos para adaptar o quadro baseado no conhecimento a diferentes domínios com um esforço mínimo, permitindo uma fácil transferência do sistema para novas áreas de aplicação. Efetuar avaliações comparativas e de benchmarking exaustivas em relação a outras abordagens de prospeção da Web de ponta para avaliar os pontos fortes e fracos do quadro baseado no conhecimento em vários cenários. Validar o quadro em aplicações e casos de utilização do mundo real para demonstrar a sua utilidade prática e eficácia na resolução de desafios específicos de extração da Web em diversos domínios.

Explorar a integração da inteligência humana no sistema multi-agente, permitindo que os utilizadores humanos interajam com os agentes, forneçam feedback e influenciem a tomada de decisões para obter resultados mais precisos e contextualmente relevantes. Investigar as implicações éticas da prospeção na Web no contexto do sistema multiagente. Isto inclui o estudo do impacto de dados tendenciosos, a potencial discriminação algorítmica e a abordagem de preocupações éticas relacionadas com a privacidade e o consentimento dos dados.

Ao seguir estas direcções de investigação, a análise e a conceção do quadro baseado no conhecimento para um sistema multi-agente na extração de dados da Web podem ser alargadas para enfrentar desafios emergentes e conduzir a soluções mais sofisticadas e poderosas, beneficiando várias indústrias e aplicações que dependem fortemente da análise de dados da Web.

7.5 Conclusão

Em conclusão, a análise e a conceção de uma estrutura baseada no conhecimento para um sistema multiagente na prospeção da Web foram um esforço significativo, resultando em contribuições valiosas para este domínio. O principal objetivo desta investigação era criar uma estrutura que maximizasse a eficiência e a precisão das tarefas de extração da Web através da colaboração inteligente de vários agentes. O estudo aprofundou a compreensão dos requisitos únicos da prospeção na Web e formulou uma estrutura robusta baseada no conhecimento que estabelece as bases para uma coordenação eficaz dos agentes. Ao integrar vários agentes, a estrutura promove esforços de colaboração na extração e análise de dados da Web, demonstrando o seu potencial para alcançar um melhor desempenho em tarefas de extração complexas.

Um dos principais destaques deste trabalho foi a implementação bem-sucedida da base de conhecimento, que capacita os agentes com conhecimentos específicos do domínio e capacidades de raciocínio. Esta integração melhora os processos de tomada de decisão dos agentes, elevando o desempenho global do sistema multiagente na extração de dados na Web. Embora o quadro apresente avanços notáveis, há limitações a ter em conta. A escalabilidade e a capacidade de resposta em tempo real são preocupações importantes a ter em conta quando se lida com dados Web em grande escala e aplicações sensíveis ao tempo. Além disso, o tratamento de dados não estruturados e a garantia de adaptabilidade a diferentes domínios exigem uma investigação mais aprofundada para aumentar a eficácia do quadro.

As recomendações de investigação futura aqui apresentadas visam ultrapassar estas limitações e alargar as capacidades do quadro. A atualização dinâmica da base de conhecimentos, a exploração de tecnologias da Web semântica e o processamento de dados multimodais são apenas algumas das vias para potenciais melhorias. Além disso, as considerações éticas e os casos de utilização no mundo real serão aspectos cruciais a explorar à medida que o quadro for implementado e integrado em aplicações práticas. Na sua totalidade, a análise e a conceção desta estrutura baseada no conhecimento representam um passo notável para o avanço das práticas de extração da Web através de sistemas multiagentes. A prossecução destas direcções de investigação conduzirá a um quadro mais robusto, eficiente e versátil, enriquecendo o panorama da análise de dados da Web e abrindo novas possibilidades para aplicações transformadoras em diversos domínios. À medida que o campo continua a evoluir, este trabalho serve de base para futuros investigadores e profissionais, inspirando mais inovação e descobertas no empolgante domínio da prospeção da Web e dos sistemas multiagentes.

BIBLIOGRAFIA

Abdelaziz, I., Ravishankar, S., Kapanipathi, P., Roukos, S., & Gray, A. (2021). Uma abordagem de análise semântica e baseada em raciocínio para responder a perguntas da base de conhecimento. Actas da Conferência AAAI sobre Inteligência Artificial, 35(18), 15985-15987.

Ahmed, A., Al-Masri, N., Abu Sultan, Y. S., Akkila, A. N., Almasri, A., Mahmoud, A. Y., Zaqout, I. S., & Abu-Naser, S. S. (2019). Inquérito sobre sistemas baseados no conhecimento.

Akbari, Z., & Unland, R. (2017). Uma abordagem de sistema multiagente holónico para o diagnóstico diferencial. Tecnologias de sistemas multiagentes: 15ª Conferência Alemã, MATES 2017, Leipzig, Alemanha, 23-26 de agosto de 2017, Proceedings 15, 272-290.

Akilandeswari, J., & Gopalan, N. P. (2008). Uma estrutura arquitetónica de um crawler para localizar repositórios da Web profunda utilizando sistemas multiagentes de aprendizagem. Terceira Conferência Internacional de 2008 sobre aplicações e serviços da Internet e da Web, 558-562.

Al-Shammari, M. M. (2021). Uma estrutura estratégica para projetar organizações centradas no cliente baseadas no conhecimento. Revista Internacional de Estudos de EBusiness e EGovernment, 13(2), 1-16.

Alechina, N., Dastani, M., & Logan, B. (2018). Especificação e verificação de normas em sistemas multiagentes. Jornal de Lógica Aplicada, 5(2), 457.

Ali, A., & Farooqui, M. F. (2022). Interação entre múltiplos sistemas de agentes inteligentes na extração de dados na Web. 2022 3rd International Conference for Emerging Technology (INCET), 1-8. https://doi.org/10.1109/INCET54531.2022.9824344

Alrahahleh, A. M., & Owaied, H. H. (2012). Modelo de agendamento para arquitetura de multiprocessamento simétrico baseado no comportamento do processo. Revista Internacional de Questões de Ciência da Computação (IJCSI), 9(4), 77.

Amine, M. M., & Ahmed-Nacer, M. (2011). Uma metodologia ágil para a implementação de sistemas de gestão do conhecimento: Um estudo de caso em engenharia de software baseada em componentes.

Anand, V. K. S., Singh, J., & Saimbhi, H. S. (2015). Escrutinando a tecnologia de mineração da web e sistemas multiagentes em um sistema inteligente de recuperação de informações (IIRS). Revista Internacional de Aplicações Informáticas, 126(13).

Aram, S., Eastman, C., & Sacks, R. (2014). Uma estrutura baseada no conhecimento para levantamento de quantidades e estimativa de custos na indústria AEC usando BIM. ISARC. Actas do Simpósio Internacional sobre Automação e Robótica na Construção, 31, 1.

Aref, M. M., Elbagoury, B. M., & Hassanin, W. (2022). Conceber um sistema baseado na Web de agentes inteligentes para o sistema de livraria eletrónica. Actas do Sexto Congresso Internacional de Tecnologia da Informação e Comunicação: ICICT 2021, Londres, Volume 4, 321-330.

Asaad, R. R., Saeed, V. A., & Abdulhakim, R. M. (2021). Agente inteligente e seu efeito na Inteligência Artificial: Um estudo de revisão. Icontech International Journal, 5(4), 1-9.

Balaji, P. G., & Srinivasan, D. (2010). Uma introdução aos sistemas multiagentes. Innovations in Multi-Agent Systems and Applications-1, 1-27.

Barfourosh, A. A., Nezhad, H. R., Anderson, M. L., & Perlis, D. (2002). Recuperação de informação na World Wide Web e lógica ativa: A survey and problem definition.

Bellifemine, F. L., Caire, G., & Greenwood, D. (2007). Desenvolvendo sistemas multiagentes com JADE. John Wiley & Sons.

Bergenti, F., Iotti, E., Monica, S., & Poggi, A. (2017). Desenvolvimento orientado a modelos orientado a agentes para JADE com a linguagem de programação JADEL. Linguagens de Computador, Sistemas e Estruturas, 50, 142-158.

Bhatia, M. P. S., & Kumar, A. (2008). Recuperação de informação e aprendizagem automática: tecnologias de apoio à investigação e à prática da prospeção na Web. Webology, 5(2), 5.

Bittencourt, I. I., Bispo, P., Costa, E., Pedro, J., Veras, D., Dermeval, D., & Pacca, H. (2009). Modelação de agentes jade a partir da metodologia gaia sob a perspetiva da web semântica. Sistemas de Informação Empresariais: 11th International Conference, ICEIS 2009, Milão, Itália, 6-10 de maio de 2009. Actas 11, 780-789.

Bordini, R. H., Dastani, M., Dix, J., & Seghrouchni, A. E. F. (2009). Multi-agent programming. Springer.

Bueti, G., Congiusta, A., & Talia, D. (2005). Desenvolvimento de aplicações de extração de dados distribuídas no âmbito da Knowledge Grid. High Performance Computing for Computational Science-VECPAR 2004: 6th International Conference, Valencia, Spain, June 28-30, 2004, Revised Selected and Invited Papers 6, 156-169.

Butler, T., Heavin, C., & O'Donovan, F. (2007). A theoretical model and framework for understanding knowledge management system implementation. Journal of Organizational and End User Computing (JOEUC), 19(4), 1-21.

Cabanac, G., Frommholz, I., & Mayr, P. (2020). Scholarly literature mining with information retrieval and natural language processing: Preface. Scientometrics, 125(3), 2835-2840.

Casado, A. R., Martinez-Tomas, R., & Fernandez-Caballero, A. (2011). Sistema multiagente para reconhecimento e composição de eventos baseados em conhecimento. Expert Systems, 28(5), 488-501.

Cavalcante, U., & Girardi, R. (2010). Uma visão geral do ambiente de desenvolvimento de sistemas multiagentes madae-ide. 2010 Seventh International Conference on Information Technology: Novas Gerações, 968-973.

Chau, M., Zeng, D., Chen, H., Huang, M., & Hendriawan, D. (2003). Design and evaluation of a multi-agent collaborative Web mining system. Decision Support Systems, 35(1), 167-183.

Chemlal, Y., & El Haddadi, A. (2021). Experiência em rede baseada em sistemas multiagentes e design de ontologia. Avanços na computação inteligente e suave: Anais do ICACIn 2020, 481-493.

Chen, H., & Chau, M. (2004). Web mining: Aprendizagem automática para aplicações Web. Annual Review of Information Science and Technology, 38(1), 289-329.

Chen, Q., He, Y., Su, Q., & He, T. (2020). Construindo um sistema especialista em base de conhecimento de desastres naturais com base na tecnologia de rastreamento distribuído e incremental. Série de conferências IOP: Ciências da Terra e do Ambiente, 435(1), 12024.

Chen, S., Liu, Q., Yu, Z., Lin, C.-Y., Lou, J.-G., & Jiang, F. (2021). ReTraCk: Uma estrutura flexível e eficiente para resposta a perguntas da base de conhecimento. Anais da 59ª Reunião Anual da Associação de Linguística Computacional e da 11ª Conferência Internacional Conjunta sobre Processamento de Linguagem Natural: Demonstrações de sistemas, 325-336.

Chen, Y., Wang, D. Z., & Goldberg, S. (2016). ScaLeKB: aprendizado escalável e inferência sobre grandes bases de conhecimento. The VLDB Journal, 25, 893-918.

Chow, H. K. H., Choy, K. L., & Lee, W. B. (2007). A dynamic logistics process knowledge-based system-An RFID multi-agent approach. Knowledge-Based Systems, 20(4), 357-372.

Chowdhury, S., Budhwar, P., Dey, P. K., Joel-Edgar, S., & Abadie, A. (2022). Colaboração entre IA e funcionários e desempenho empresarial: Integrando a visão baseada no conhecimento, sistemas sociotécnicos e estrutura de socialização organizacional. Journal of Business Research, 144, 31-49.

Cioppa, T. M., Lucas, T. W., & Sanchez, S. M. (2004). Aplicações militares de simulações baseadas em agentes. Actas da Conferência de Simulação de inverno de 2004, 2004, 1.

Congiusta, A., Talia, D., & Trunfio, P. (2006). Sobre a conceção e composição de serviços de rede para a extração distribuída de dados. Future Generation Grids: Proceedings of the Workshop on Future Generation Grids November 1-5, 2004, Dagstuhl, Germany, 113-132.

Cooley, R., Mobasher, B., & Srivastava, J. (1997). Web mining: Information and pattern discovery on the world wide web. Actas da Nona Conferência Internacional do IEEE sobre Ferramentas com

Inteligência Artificial, 558-567.
Dam, N. A. K., Dinh, T. Le, & Menvielle, W. (2022). A busca pela inteligência do cliente para apoiar as decisões de marketing: Um quadro baseado no conhecimento. Vietnam Journal of Computer Science, 9(03), 349-368.
Das, N., & Kundu, A. (2018). Análise baseada em múltiplos agentes e projeto de sistema de apoio à decisão para controle ambiental em tempo real. International Journal of Green Computing, 9(1), 1-19. https://doi.org/10.4018/ijgc.2018010101
Das, R., Zaheer, M., Thai, D., Godbole, A., Perez, E., Lee, J.-Y., Tan, L., Polymenakos, L., & McCallum, A. (2021). Raciocínio baseado em casos para consultas em linguagem natural sobre bases de conhecimento. ArXiv Preprint ArXiv:2104.08762.
Davids, M., & Frenken, K. (2018). Proximidade, base de conhecimento e o processo de inovação: Towards an integrated framework. Estudos Regionais, 52(1), 23-34.
Dehuri, S., & Cho, S.-B. (2010). Knowledge mining using intelligent agents (Vol. 6). World Scientific.
DeLoach, S. A. (2001). Análise e conceção com MaSE e agentTool. Actas da 12ª Conferência sobre Inteligência Artificial e Ciências Cognitivas do Centro-Oeste (MAICS 2001), 1-7.
Deng, W., Shang, S., Cai, X., Zhao, H., Zhou, Y., Chen, H., & Deng, W. (2021). Evolução diferencial quântica com estrutura de coevolução cooperativa e estratégia de mutação híbrida para otimização em grande escala. Sistemas baseados em conhecimento, 224, 107080.
Dimou, C., Symeonidis, A. L., & Mitkas, P. A. (2008). Data Mining e Agent Technology: uma simbiose frutuosa. Em Soft Computing for Knowledge Discovery and Data Mining (pp. 327-362). Springer.
Dornhofer, M., Sack, S., Zenkert, J., & Fathi, M. (2020). Simulação de processos de fábrica inteligente aplicando sistemas multi-agentes - uma perspetiva de gestão do conhecimento. Jornal de fabrico e processamento de materiais, 4(3), 89.
Dragoni, A. F. (1992). Um modelo para revisão de crenças num ambiente multi-agente (resumo). ACM SIGOIS Bulletin, 13(3), 9. https://doi.org/10.1145/152683.152688
Dybalova, D., Testerink, B., Dastani, M., & Logan, B. (2014). Uma estrutura para programar sistemas multiagentes com consciência de normas. Coordenação, Organizações, Instituições e Normas em Sistemas de Agentes IX: COIN 2013 International Workshops, COIN@ AAMAS, St. Paul, MN, EUA, 6 de maio de 2013, COIN@ PRIMA, Dunedin, Nova Zelândia, 3 de dezembro de 2013, Revised Selected Papers 9, 364-380.
El Haji, E., Azmani, A., & El Harzli, M. (2014). Projeto de sistema multi-especialista para orientação educacional e profissional: uma abordagem baseada em um sistema multiagente e ontologia. Revista Internacional de Questões de Informática (IJCSI), 11(5), 46.
Evans, M. M., & Ali, N. (2013). Bridging knowledge management life cycle theory and practice. Conferência Internacional sobre Capital Intelectual, Gestão do Conhecimento e Aprendizagem Organizacional ICICKM 2013 - Actas da Conferência, 156-165.
Filotheou, A., Nikou, A., & Dimarogonas, D. V. (2018). Controle descentralizado de sistemas multiagentes incertos com manutenção de conetividade e prevenção de colisões. Conferência Europeia de Controlo 2018 (ECC), 8-13.
Fitch, C., Ruggles, S., Williams, K., Osypuk, T., Nelson, H., & Spector, L. (2018). Construindo o banco de dados da população de Minnesota. Reunião anual da Associação Populacional da América.
Frydrych, T., Kohut, O., & Kosinar, M. (2008). TIL em sistemas multiagentes baseados em conhecimento. RASLAN, 31-40.
Fu, B., Qiu, Y., Tang, C., Li, Y., Yu, H., & Sun, J. (2020). Uma pesquisa sobre respostas a perguntas complexas sobre a base de conhecimento: Avanços e desafios recentes. ArXiv Preprint ArXiv:2007.13069.
Gan, W., Lin, J. C., Chao, H., & Zhan, J. (2017). Mineração de dados em ambiente distribuído:

uma pesquisa. Revisões Interdisciplinares Wiley: Mineração de dados e descoberta de conhecimento, 7(6), e1216.
Gandon, F. (2002). Inteligência Artificial Distribuída e Gestão do Conhecimento: ontologias e sistemas multi-agentes para uma web semântica empresarial. Universidade de Nice Sophia Antipolis.
Gao, Y., Song, F., Xie, X., Sun, Q., & Wu, X. (2015). Estudo do algoritmo de classificação de testes baseado no conhecimento do domínio.
Gaoxia, Z., Preeti, R., Wanli, X., & Jim, S. (2021). Desenho curricular para o envolvimento social, cognitivo e emocional na Construção do Conhecimento. Revista Internacional de Tecnologia Educacional no Ensino Superior, 18(1).
Garcia, E., Giret, A., & Botti, V. (2014). Sistemas Multi-Agentes Abertos Regulamentados (ROMAS): Uma abordagem multiagente para projetar sistemas abertos normativos. Springer.
Giannakis, M., & Louis, M. (2011). A multi-agent based framework for supply chain risk management. Journal of Purchasing and Supply Management, 17(1), 23-31.
Giannakis, M., & Louis, M. (2016). Um sistema baseado em vários agentes com processamento de grandes volumes de dados para aumentar a agilidade da cadeia de abastecimento. Jornal de Gestão da Informação Empresarial, 29(5), 706-727.
Girardi, R., Faria, C., & Marinho, L. (2004). Modelagem de domínio de sistemas multiagentes baseada em ontologias. Workshop OOPLSA, 295-308.
Girardi, R., & Leite, A. (2008). Uma ferramenta baseada em conhecimento para engenharia de domínio multiagente. Sistemas Baseados em Conhecimento, 21(7), 604-611.
Girardi, R., & Lindoso, A. N. (2005). DDEMAS: uma técnica de projeto de domínio para engenharia de domínios multiagentes. Perspectivas em Modelação Conceptual: ER 2005 Workshops AOIS, BP-UML, CoMoGIS, ECOMO, and QoIS, Klagenfurt, Austria, October 24-28, 2005. Actas 24, 141-150.
Gonzalez-Briones, A., De La Prieta, F., Mohamad, M. S., Omatu, S., & Corchado, J. M. (2018). Aplicações de sistemas multiagentes em problemas de otimização de energia: Uma revisão do estado da arte. Energias, 11(8), 1928.
Gonzalez-Fernandez, C., Cabezas, J., Fernandez-Isabel, A., & Martin de Diego, I. (2020). Combinando sistemas multiagentes e lógica subjectiva para desenvolver sistemas de apoio à decisão. Processamento de informações e gerenciamento de incertezas em sistemas baseados em conhecimento: 18ª Conferência Internacional, IPMU 2020, Lisboa, Portugal, 15-19 de junho de 2020, Actas, Parte I 18, 143-157.
Govindu, R., & Chinnam, R. B. (2010). A software agent-component based framework for multi-agent supply chain modelling and simulation. Revista Internacional de Modelação e Simulação, 30(2), 155-171.
Goyal, I., & Madhavi, Y. (2023). OMA-DSS: Sistema de Apoio à Decisão Multiagente Baseado em Ontologia no Domínio da Saúde para Prevenir Doenças Cardiovasculares. Conferência Internacional sobre Tendências Inteligentes em Computação e Comunicações, 2938.
Grabot, B. (2020). Exploração de regras na manutenção: Analisando grandes bases de conhecimento. Computadores e Engenharia Industrial, 139, 105501.
Grana, M., & Agreda, A. (2013). Modelos de confiança e aplicações em sistemas de comunicação e multiagentes. International Journal of Knowledge-Based and Intelligent Engineering Systems, 17(2), 187-193.
Gupta, J. N. D., & Sharma, S. K. (2004). Criando organizações baseadas no conhecimento. Igi Global.
Gupta, K. P., Singh, S., & Bhaskar, P. (2016). Adoção da administração pública eletrónica pelos cidadãos: uma revisão da literatura e um quadro concetual. Electronic Government, an International Journal, 12(2), 160-185.
Gupta, S., Justy, T., Kamboj, S., Kumar, A., & Kristoffersen, E. (2021). Big data e desempenho de

marketing da empresa: Resultados da visão baseada no conhecimento. Previsão Tecnológica e Mudança Social, 171, 120986.
Gurov, D., Goranko, V., & Lundberg, E. (2022). Estratégias baseadas no conhecimento para equipas multiagentes que jogam contra a Natureza. Artificial Intelligence, 309, 103728. https://doi.org/10.1016/j.artint.2022.103728
Gutierrez, C., & Garcia-Magarino, I. (2011). Uma análise exploratória para a conceção de interações robustas em sistemas multiagentes. Avanços em Aplicações Práticas de Agentes e Sistemas Multiagentes: 9th International Conference on Practical Applications of Agents and Multiagent Systems, 225-230.
Hadzibeganovic, T., & Xia, C. (2016). Cooperação e coexistência de estratégias num sistema multiagente baseado em etiquetas com mobilidade contingente. Knowledge-Based Systems, 112, 1-13.
Hadzic, M., Chang, E., Wongthongtham, P., & Dillon, T. (2009). Ontology-based multiagent systems (Sistemas multiagentes baseados em ontologias). Springer.
Hafezi, R., Shahrabi, J., & Hadavandi, E. (2015). Um sistema multi-agente de rede bat-neural (BNNMAS) para previsão de preços de ações: Estudo de caso do preço das acções DAX. Applied Soft Computing, 29, 196-210.
Hajer, B., Arwa, B., Lobna, H., & Khaled, G. (2020). Pré-processamento de dados de mineração de intenção com base no sistema de vários agentes. Procedia Computer Science, 176, 888-897.
Hallinger, P. (2021). Acompanhando a evolução da base de conhecimento sobre aprendizagem baseada em problemas: Uma revisão bibliométrica, 1972-2019. Revista Interdisciplinar de Aprendizagem Baseada em Problemas, 15(1).
Hallinger, P., Gumus, S., & Belliba§, M. §. (2020). 'Os diretores já são líderes instrucionais?'Um mapa científico da base de conhecimento sobre liderança instrucional, 1940-2018. Scientometrics, 122(3), 1629-1650.
Hallinger, P., & Kovacevic, J. (2021). Mapeamento científico da base de conhecimento em liderança e gestão educacional: Uma análise bibliométrica longitudinal, 1960 a 2018. Gestão Educacional Administração e Liderança, 49(1), 5-30.
Hao, J., Chen, M., Yu, W., Sun, Y., & Wang, W. (2019). Aprendizagem de representação universal de bases de conhecimento por meio da incorporação conjunta de instâncias e conceitos ontológicos. Anais da 25ª Conferência Internacional ACM SIGKDD sobre Descoberta de Conhecimento e Mineração de Dados, 1709-1719.
Hao, Y., Zhang, Y., Liu, K., He, S., Liu, Z., Wu, H., & Zhao, J. (2017). Um modelo de ponta a ponta para responder a perguntas sobre a base de conhecimento com atenção cruzada combinando conhecimento global. Actas da 55.ª Reunião Anual da Associação para a Linguística Computacional (Volume 1: Artigos longos), 221-231.
He, J., Lai, H., & Wang, H. (2009). Uma arquitetura multiagente suportada por uma base de conhecimentos de senso comum. Expert Systems with Applications, 36(3), 5051-5057.
Hemamalini, R., & Mary, L. J. (2014). Uma análise do sistema de mineração de dados distribuído baseado em vários agentes. Revista Internacional de Publicações Científicas e de Investigação, 4(6), 1-6.
Herrera-Viedma, E., Porcel, C., Herrera, F., Martmez, L., & Lopez-Herrera, A. G. (2005). Techniques to Improve Multi-Agent Systems for Searching and Mining the Web. Extração Inteligente de Dados: Techniques and Applications, 463-486.
Ho, T.-B., Bellot, P., & Cao, T. (2012). Avanços em sistemas de informação e conhecimento. Revista de Inteligência Ambiental e Computação Humanizada, 3(4), 249.
Hogo, M., Fouad, K., & Mousa, F. (2010). Sistema pericial baseado na Web para regulamentos da função pública: RCSES. ArXiv Preprint ArXiv:1001.1836.
Hu, W., & Meng, B. (2005). Conceção e implementação de um sistema de extração de dados na Web baseado em multiagentes. Conferência Internacional sobre Extração Avançada de Dados e

Aplicações, 491-498.
Hubner, J. F., Sichman, J. S., & Boissier, O. (2005). Um middleware para o desenvolvimento de sistemas multi-agentes organizados. Conferência Internacional sobre Agentes Autónomos e Sistemas Multiagentes, 64-77.
Indiramma, M., & Anandakumar, K. R. (2008). Collaborative decision making framework for multi-agent system. Conferência Internacional de 2008 sobre Engenharia Informática e das Comunicações, 1140-1146.
Iotti, E. (2018). Uma linguagem de programação orientada a agentes para sistemas multiagentes JADE.
Jadhav, A. S., & Sonar, R. M. (2011). Quadro para avaliação e seleção dos pacotes de software: A hybrid knowledge based system approach. Journal of Systems and Software, 84(8), 1394-1407.
Jia, Q., Shi, S., Yuan, G., Shi, J., Shi, S., & Hu, Y. (2020). Análise de bases de conhecimento e hotspots de pesquisa de coronavírus na perspetiva do mapeamento do domínio do conhecimento. Medicine, 99(22), e20378.
Justicia De La Torre, C., Sanchez, D., Blanco, I., & Martm-Bautista, M. J. (2018). Mineração de texto: técnicas, aplicações e desafios. Revista Internacional de Incerteza, Fuzziness e Sistemas Baseados em Conhecimento, 26(04), 553-582.
Kadhim, M. A., Alam, M. A., & Kaur, H. (2016). Um sistema de agente multi-inteligente para construção automática de sistema especialista baseado em regras. Revista Internacional de Sistemas e Aplicações Inteligentes, 8(9), 62.
Kainzbauer, A., & Rungruang, P. (2019). Mapeamento científico da base de conhecimento sobre gestão sustentável de recursos humanos, 1982-2019. Sustentabilidade, 11(14), 3938.
Kardas, G., Tezel, B. T., & Challenger, M. (2018). Linguagem de modelagem específica de domínio para agentes de software de intenção de desejo de crença. IET Software, 12(4), 356-364. https://doi.org/10.1049/iet-sen.2017.0094
Karemente, K., Aduwo, J. R., Mugejjera, E., & Lubega, J. (2009). Knowledge management frameworks: a review of concetual foundations and a KMF for IT- based organizations. Strengthening the Role of ICT in Development, 35.
Kawamura, T., Kinoshita, S., Sugahara, K., & Kuwatani, T. (2003). Uma estrutura baseada em lógica para sistemas multiagentes móveis. Actas do IEMC'03. Managing Technologically Driven Organizations: The Human Side of Innovation and Change (IEEE Cat. No. 03CH37502), 754-759.
Klusch, M., Lodi, S., & Moro, G. (2003). Extração de dados distribuída baseada em agentes: O esquema KDEC. Agentes de Informação Inteligentes: The AgentLink Perspective, 104122.
Kohler, S., Carmody, L., Vasilevsky, N., Jacobsen, J. O. B., Danis, D., Gourdine, J.-P., Gargano, M., Harris, N. L., Matentzoglu, N., & McMurry, J. A. (2019). Expansão da base de conhecimento e recursos da Ontologia do Fenótipo Humano (HPO). Nucleic Acids Research, 47(D1), D1018-D1027.
Kravari, K., Bassiliades, N., & Boley, H. (2012). Interoperação intercomunitária entre sistemas multiagentes baseados no conhecimento: Um estudo sobre EMERALD e Rule Responder. Expert Systems with Applications, 39(10), 9571-9587.
Kravari, K., Kontopoulos, E., & Bassiliades, N. (2010). EMERALD: Um sistema multiagente para a interoperabilidade do raciocínio baseado no conhecimento na Web semântica. Inteligência Artificial: Teorias, modelos e aplicações: 6th Hellenic Conference on AI, SETN 2010, Atenas, Grécia, 4-7 de maio de 2010. Actas 6, 173-182.
Kravari, K., Kontopoulos, E., & Bassiliades, N. (2009). Rumo a um quadro baseado no conhecimento para agentes que interagem na Web semântica. Conferência Internacional Conjunta IEEE/WIC/ACM 2009 sobre Inteligência Web e Tecnologia de Agentes Inteligentes, 2, 482-485.
Kravari, K., Papatheodorou, K., Antoniou, G., & Bassiliades, N. (2011). Serviços de raciocínio e prova para agentes da Web semântica. Vigésima segunda Conferência Internacional Conjunta sobre Inteligência Artificial.

Kumar, Abhinav, Chandrasekaran, K., Shukla, A., & Usha, D. (2020). Mineração inteligente de dados para busca de informações colaborativas. Avanços em Engenharia Computacional e Bio-Engenharia: Procedimento da Conferência Internacional sobre Engenharia Computacional e Bioengenharia, 2019, Volume 2, 129-136.
Kumar, Anil, Bhaskar, P., Nadeem, S. P., Tyagi, M., & Garza-Reyes, J. A. (2020). Adoção da sustentabilidade através da gestão sustentável dos recursos humanos: Uma revisão sistemática da literatura e estrutura conceitual. Revista Internacional de Ciências Matemáticas, Engenharia e Gestão, 5(6), 1014.
Kumar, C. S. S., & Santhosh, R. (2020). Recuperação eficaz de informações e técnica de minimização de recursos para dados da web semântica. Computadores e Engenharia Eléctrica, 81, 106518.
Kumarasamy, M. (n.d.). Uma melhoria do desempenho da extração de dados utilizando métodos de sistemas de agentes inteligentes. Revista Internacional de Investigação em Engenharia Avançada e Ciência, 3(12), 236954.
Kundu, S., & Garg, M. L. (2017). Análise, projeto e implementação de sistema multiagente em mineração de dados da web. Int. J. Future Gener. Commun. Networking, 10(12), 5970.
Lan, Y., He, G., Jiang, J., Jiang, J., Zhao, W. X., & Wen, J.-R. (2021). Uma pesquisa sobre respostas a perguntas de bases de conhecimento complexas: Métodos, desafios e soluções. ArXiv Preprint ArXiv:2105.11644.
Lathabai, H. H., Nandy, A., & Singh, V. K. (2022). Recomendação de colaboração institucional: Uma estrutura baseada em conhecimentos especializados usando PNL e análise de rede. Sistemas Periciais com Aplicações, 209, 118317.
Levine Coley, R., Eileen Morris, J., & Hernandez, D. (2004). Cuidados fora da escola e trajectórias de comportamento problemático entre adolescentes com baixos rendimentos: Individual, family, and neighborhood characteristics as added risks. Child Development, 75(3), 948965.
Li, X., Yang, Z., Guo, P., & Cheng, J. (2021). Uma estrutura de avaliação de estabilidade transiente inteligente com capacidade de aprendizagem contínua. IEEE Transactions on Industrial Informatics, 17(12), 8131-8141.
Liang, C., Shanmugam, B., Azam, S., Karim, A., Islam, A., Zamani, M., Kavianpour, S., & Idris, N. B. (2020). Sistema de deteção de intrusão para a internet das coisas baseado em blockchain e sistemas multiagentes. Eletrónica, 9(7), 1120.
Liebowitz, J., Adya, M., Rubenstein-Montano, B., Yoon, V., Buchwalter, J., Imhoff, M., Baek, S., & Suen, C. (2000). MACS: multi-agent COTR system for defense contracting. Knowledge-Based Systems, 13(5), 241-250.
Lim, G.-G. (2007). Classificação das arquitecturas dos sistemas periciais baseados na Web. Journal of Intelligence and Information Systems, 13(4), 1-16.
Limon, X., Guerra-Hernandez, A., Cruz-Ramfrez, N., & Grimaldo, F. (2013). Uma abordagem de agentes e artefatos para mineração de dados distribuídos. Avanços em Soft Computing e suas aplicações: 12ª Conferência Internacional Mexicana de Inteligência Artificial, MICAI 2013, Cidade do México, México, 24 a 30 de novembro de 2013, Anais, Parte II 12, 338-349.
Liu, Q., Islam, B., & Governatori, G. (2021). Rumo a um quadro eficiente baseado em regras para o raciocínio jurídico. Sistemas baseados no conhecimento, 224, 107082.
Lo, W.-S., Hong, T.-P., & Jeng, R. (2008). A framework of E-SCM multi-agent systems in the fashion industry. International Journal of Production Economics, 114(2), 594-614.
Lovrek, I. (2008). Sistemas inteligentes de informação e engenharia baseados no conhecimento: 12ª Conferência Internacional, KES 2008, Zagreb, Croácia, 3-5 de setembro de 2008, Actas, Parte II (Vol. 5178). Springer.
Luo, X., Zhang, C., & Jennings, N. R. (2002). Um modelo híbrido para a partilha de informação entre modelos de raciocínio difuso, incerto e padrão em sistemas multi-agentes. International

Journal of Uncertainty, Fuzziness and Knowledge-Based Systems, 10(04), 401-450.
Mahmoud, M. A., Sharifuddin Ahmad, M., Zaliman Yuso, M., & Idrus, A. (2015). Uma estrutura baseada em negociação automatizada via sistema multiagente para o domínio da construção.
Manaligod, H. J. T., Dino, M. J. S., Jo, S., & Park, R. C. (2020). Computação de descoberta de conhecimento para gerenciamento. Tecnologia da Informação e Gestão, 21, 61-62.
Mangina, E. E. (2005). Plataforma de monitorização baseada em agentes inteligentes para aplicações em engenharia. Int. J. Comput. Sci. Appl., 2(1), 38-48.
Mann, P. A. R., Duque, N., & Ovalle, D. (2015). Sistema multiagente para recomendação baseada em conhecimento de Objetos de Aprendizagem. ADCAIJ: Advances in Distributed Computing and Artificial Intelligence Journal, 4(1), 80-89.
Marino, K., Chen, X., Parikh, D., Gupta, A., & Rohrbach, M. (2021). Krisp: Integrando conhecimento implícito e simbólico para vqa baseado em conhecimento de domínio aberto. Anais da Conferência IEEE / CVF sobre Visão Computacional e Reconhecimento de Padrões, 14111-14121.
Marir, T., Mokhati, F., Gherbi, A., & Bali, A. (2019). Norjade: Uma estrutura baseada em jade de código aberto para programar sistemas multiagentes normativos. Revista Internacional de Software e Processos de Código Aberto (IJOSSP), 10(2), 1-20.
Minervini, P., Bosnjak, M., Rocktaschel, T., Riedel, S., & Grefenstette, E. (2020). Raciocínio diferenciável em grandes bases de conhecimento e linguagem natural. Actas da Conferência da AAAI sobre Inteligência Artificial, 34(04), 5182-5190.
Moradi, M., Aghaie, A., & Hosseini, M. (2013). Aplicando o Sistema Inteligente Multi-Agente à Tomada de Decisão com Abordagem de Gestão do Conhecimento. Journal of Information Technology Management, 5(4), 219-244.
Moreira, F. (2021). A revista de engenharia do conhecimento edição especial sobre WorldCist'19- Seventh World Conference on Information Systems and Technologies. Em Sistemas Especializados (Vol. 38, Issue 4, p. e12711). Biblioteca Online Wiley.
Moteleb, A. A., Woodman, M., & Critten, P. (2009). Para um guia prático de desenvolvimento de sistemas de gestão do conhecimento em pequenas organizações.
Muppavarapu, V., Ramesh, G., Gyrard, A., & Noura, M. (2021). Extração de conhecimento usando similaridade semântica de conceitos de bases de conhecimento da Web of Things. Engenharia de dados e conhecimento, 135, 101923.
Nasir, J. A., Varlamis, I., & Ishfaq, S. (2019). Uma estrutura semântica baseada no conhecimento para expansão de consultas. Processamento e Gestão da Informação, 56(5), 1605-1617.
Natasha, B.-T., & Violeta, M. (2012). Influência do sistema de gestão do conhecimento na eficácia da organização na organização da Macedónia. 2012 8th International Conference on Computing Technology and Information Management (NCM and ICNIT), 1, 299-304.
Oliveira, E., Pereira, G., & Gomes, C. (2002). Arquitetura de estrutura fiável para interação de sistemas multiagente. The 7th International Conference on Computer Supported Cooperative Work in Design, 276-281.
Orenga-Rogla, S., & Chalmeta, R. (2019). Metodologia para a implementação de sistemas de gestão do conhecimento 2.0. Engenharia de Sistemas de Informação e Negócios, 61(2), 195-213.
Palanca, J., Terrasa, A., Julian, V., & Carrascosa, C. (2020). Spade 3: Apoiando a nova geração de sistemas multiagentes. IEEE Access, 8, 182537-182549.
Park, S., & Sugumaran, V. (2005). Conceção de sistemas multiagentes: A framework and application. Expert Systems with Applications, 28(2), 259-271. https://doi.org/10.1016/j.eswa.2004.10.006
Patel, S., Thakkar, T., Swaminarayan, P., & Sajja, P. (2010). Desenvolvimento de uma estrutura de descoberta de conhecimentos baseada em agentes para aceder à grelha de recursos de dados. Avanços em Ciências e Tecnologias Computacionais, 3(1), 23-31.
Petrosino, G., & Bergenti, F. (2018). Uma introdução aos principais recursos de uma linguagem de

script para agentes JADE. AI * IA 2018-Avanços em Inteligência Artificial: XVIIth International Conference of the Italian Association for Artificial Intelligence, Trento, Itália, 20-23 de novembro de 2018, Proceedings 17, 3-14.
Pilato, G., Vitabile, S., Vassallo, G., Conti, V., & Sorbello, F. (2004). Diretórios Web como base de conhecimento para construir um sistema multi-agente de partilha de informação. Web Intelligence and Agent Systems: An International Journal, 2(4), 265-277.
Plappert, S., Gembarski, P. C., & Lachmayer, R. (2021). Avaliação de design baseada em conhecimento de modelos CAD rotacionais com um sistema multiagente. Conferência Internacional sobre Engenharia de Sistemas, 47-56.
Poslad, S. (2007). Especificação de protocolos para a interação de sistemas multiagentes. ACM Transactions on Autonomous and Adaptive Systems (TAAS), 2(4), 15-es.
Preece, A. (1999). Cobertura: verificação de sistemas baseados no conhecimento de múltiplos agentes. Knowledge-Based Systems, 12(1-2), 37-44.
Qasem, M. H., Hudaib, A., Obeid, N., Almaiah, M. A., Almomani, O., & Al-Khasawneh, A. (2022). Sistemas multiagentes para técnicas de mineração de dados distribuídos: Uma visão geral. Big Data Intelligence for Smart Applications, 57-92.
Radhakrishnan, B. M., Srinivasan, D., & Mehta, R. (2016). Sistema multiagente baseado em Fuzzy para gestão de energia distribuída em redes inteligentes. Jornal Internacional de Incerteza, Fuzziness e Sistemas Baseados no Conhecimento, 24(05), 781-803.
Ramadhan, P. S., Hutagalung, J., & Syahra, Y. (2021). Comparação de métodos de raciocínio baseados no conhecimento para medir a eficácia dos resultados de diagnóstico. Jornal de Física: Série de conferências, 1783(1), 12049.
Rao, V. S., Vidyavathi, S., & Ramaswamy, G. (2010). Interação e integração da extração de dados distribuídos e da extração de agentes: Uma nova abordagem. IJRRAS, 4(4), 388-398.
Ren, Z., Yang, F., Bouchlaghem, N. M., & Anumba, C. J. (2011). Projeto de construção colaborativo multidisciplinar - Um estudo comparativo entre sistemas multiagentes e abordagens de otimização multidisciplinar. Automação na Construção, 20(5), 537-549.
Ribeiro, B., Gomes, L., Barbarroxa, R., & Vale, Z. (2023). Uma nova estrutura para sistemas de aprendizagem federados baseados em conhecimento multiagente. Conferência Internacional sobre Aplicações Práticas de Agentes e Sistemas Multi-Agentes, 296306.
Ribeiro, M. I. F., Ferreira, F. A. F., Jalali, M. S., & Meidute-Kavaliauskiene, I. (2017). Uma estrutura baseada em conhecimento fuzzy para avaliação de risco de investimentos imobiliários residenciais. Desenvolvimento Tecnológico e Económico da Economia, 23(1), 140156.
Richardson, M., & Domingos, P. (2003). Construção de grandes bases de conhecimento através da colaboração em massa. Actas da 2ª Conferência Internacional sobre Captura de Conhecimento, 129-137.
Robert Kraft, M. D., & Natasha, C. (2012). A lesão térmica ativa a via eEF2 dependente de eEF2K em pacientes pediátricos.
Rodnguez, P., Duque, N., & Ovalle, D. A. (2015). Sistema multiagente para recomendação baseada em conhecimento de objetos de aprendizagem usando clustering de metadados. Destaques das Aplicações Práticas de Agentes, Sistemas Multiagentes, e Sustentabilidade-A Coleção PAAMS: Workshops internacionais do PAAMS 2015, Salamanca, Espanha, 3-4 de junho de 2015. Actas 13, 356-364.
Roshankish, S., & Fornara, N. (2022). Uma metodologia para formalizar diferentes tipos de normas. Conferência Europeia sobre Sistemas Multi-Agentes, 348-363.
Sabour, N. A., Faheem, H. M., & Khalifa, M. E. (2008). Quadro baseado em múltiplos agentes para o seguimento de alvos utilizando um sistema de visão em tempo real. Conferência Internacional de 2008 sobre Engenharia e Sistemas Informáticos, 355-363.
Sajja, P. S. (2008). Sistema multiagente para acesso baseado no conhecimento a bases de dados distribuídas. Revista Interdisciplinar de Informação, Conhecimento e Gestão, 3.

Samanta, D., Dutta, S., Galety, M. G., & Pramanik, S. (2022). Uma nova abordagem para a taxonomia de mineração da web para computação de alto desempenho. Inteligência cibernética e recuperação de informações: Actas do CIIR 2021, 425-432.
Samirmi, F. D., Tang, W., & Wu, H. (2013). Monitoramento da condição do transformador de potência e diagnóstico de falhas com sistema multiagente baseado em raciocínio ontológico. 2013 IEEE PES Conferência de Engenharia de Energia e Potência da Ásia-Pacífico (APPEEC), 1-6.
Sarip, A. G., & Hafez, M. B. (2015). Aplicação de lógica difusa para previsão de preços de casas. Revista Internacional de Ciências Imobiliárias (E-ISSN: 2229-8568), 5(1).
Sathiyamoorthi, V. (2020). Um sistema inteligente para prever o acesso de um utilizador a um sistema de e-learning baseado na Web utilizando a mineração da Web. Revista Internacional de Tecnologia da Informação e Engenharia Web (IJITWE), 15(1), 75-94.
Serpella, A. F., Ferrada, X., Howard, R., & Rubio, L. (2014). Gestão de riscos em projetos de construção: uma abordagem baseada no conhecimento. Procedia-Social and Behavioral Sciences, 119, 653-662.
Shadabi, F., & Sharma, D. (2008). Data Mining and Intelligent Multi-Agent Technologies in Medical Informatics. Em Success in Evolutionary Computation (pp. 73-92). Springer.
Shang, J., Zhou, S., Li, X., Liu, L., & Wu, H. (2017). CoFIM: Uma estrutura baseada na comunidade para maximização de influência em redes de grande escala. Sistemas baseados em conhecimento, 117, 88-100.
Sharma, A., Bahl, S., Bagha, A. K., Javaid, M., Shukla, D. K., & Haleem, A. (2020). Aplicações de sistemas multiagentes para combater a pandemia COVID-19. Apollo Medicine, 17(Suppl 1), S41-S43.
Sharma, D., & Shadabi, F. (2014). Mineração de dados baseada em múltiplos agentes para sistemas inteligentes de apoio à decisão. A 2ª Conferência Internacional de Sistemas e Informática de 2014 (ICSAI 2014), 241-245.
Sharma, K., Shrivastava, G., & Kumar, V. (2011). Web mining: Today and tomorrow. 2011 3rd International Conference on Electronics Computer Technology, 1, 399403.
Skobelev, P., Zhilyaev, A., Larukhin, V. B., Grachev, S., & Simonova, E. V. (2020). Sistemas Multi-agentes Abertos baseados em Ontologia para Gestão Adaptativa de Recursos. ICAART (1), 127-135.
Smuts, H., Van Der Merwe, A., Loock, M., & Kotze, P. (2009). Um quadro e uma metodologia para a implementação de um sistema de gestão do conhecimento. Actas da Conferência Anual de Investigação de 2009 do Instituto Sul-Africano de Cientistas Informáticos e Tecnólogos da Informação, 70-79.
Sotnik, G. (2018). SOSIEL: Uma plataforma cognitiva, multiagente e baseada no conhecimento para modelar a tomada de decisões com limites racionais. Resumos de dissertações internacionais: Secção B: Ciências e Engenharia, 79(8-B(E)).
Srinivasan, S., Singh, J., & Kumar, V. (2011). Sistema de apoio à decisão baseado em múltiplos agentes utilizando a extração de dados e o raciocínio baseado em casos. Revista Internacional de Questões de Informática (IJCSI), 8(4), 340.
Sriramoju, S. B., & Kumar, D. A. (2012). Uma Análise em torno do estudo do Método de Mineração de Dados Distribuídos no Ambiente Grid: Técnica, Algoritmos e Serviços. Journal of Advances in Science and Technology, 4.
Suma, D. V. (2020). Um novo sistema de recuperação de informações para nuvem distribuída usando algoritmo de hashing fuzzy profundo híbrido. Jornal de Tecnologia da Informação e Mundo Digital, 2(3), 151-160.
Suwardi, I. S., & Surendro, K. (2014). Uma visão geral da abordagem do sistema multiagente no modelo de gestão do conhecimento. Conferência Internacional de 2014 sobre Sistemas de Tecnologia da Informação e Inovação (ICITSI), 62-69.
Symeonidis, A. L., & Mitkas, P. A. (2005). Agent intelligence through data mining (Vol. 14).

Springer Science & Business Media.
Taillandier, P., Vo, D.-A., Amouroux, E., & Drogoul, A. (2012). GAMA: uma plataforma de simulação que integra dados de informação geográfica, modelação baseada em agentes e controlo multi-escala. Princípios e Práticas de Sistemas Multi-Agentes: 13th International Conference, PRIMA 2010, Kolkata, India, November 12-15, 2010, Revised Selected Papers 13, 242-258.
Talia, D. (2004). Activando Serviços de Descoberta de Conhecimento em Grids. 2ª Conferência Europeia sobre Grids.
Talib, A. M., Atan, R., Abdullah, R., & Murad, M. A. A. (2012). Quadro de segurança do armazenamento de dados na nuvem baseado na arquitetura do sistema multiagente - um estudo-piloto. Conferência Internacional de 2012 sobre Recuperação de Informação e Gestão do Conhecimento, 5459.
Tariq, S., Talib, R., Hanif, M. K., Sarwar, M. U., Rashid, H. M., & Khalid, M. Z. (2019). Uma análise qualitativa para avaliar as principais caraterísticas dos aplicativos de comércio eletrônico baseados em mineração na Web. Jornal Internacional de Ciência da Computação Avançada e Aplicações, 10(1).
Tarus, J. K., Niu, Z., & Mustafa, G. (2018). Recomendação baseada no conhecimento: uma revisão dos sistemas de recomendação baseados em ontologia para e-learning. Revisão de Inteligência Artificial, 50, 21-48.
Theriou, N. G., Aggelidia, V., & Theriou, G. (2009). Um quadro teórico que contrasta a perspetiva baseada nos recursos e a visão baseada no conhecimento.
Therrien, J., Siu, S. C., McLaughlin, P. R., Liu, P. P., Williams, W. G., & Webb, G. D. (2000). Substituição da válvula pulmonar em adultos tardiamente após a reparação da tetralogia de Fallot: estamos a operar demasiado tarde? Journal of the American College of Cardiology, 36(5), 1670-1675.
Torrellas, G. A. S. (2004). Uma estrutura para engenharia de sistemas multiagentes usando modelagem de domínio de ontologia para avaliação de risco de arquitetura de segurança em serviços de segurança de comércio eletrônico. Terceiro Simpósio Internacional do IEEE sobre Computação em Rede e Aplicações, 2004 (NCA 2004). Actas, 409-412.
Tozicka, J., Rovatsos, M., Pechoucek, M., & Urban, S. (2008). MALEF: Framework for distributed machine learning and data mining. Revista Internacional de Sistemas Inteligentes de Informação e Base de Dados, 2(1), 6-24.
Tudor, I., & Ionita, L. (2009). Agentes inteligentes como técnicas de data mining utilizadas em ambiente académico. 4ª Conferência Internacional sobre Aprendizagem Virtual ICVL, 380-384.
Twardowski, B., & Ryzko, D. (2014). Arquitetura multiagente para processamento de big data em tempo real. 2014 IEEE/WIC/ACM International Joint Conferences on Web Intelligence (WI) and Intelligent Agent Technologies (IAT), 3, 333-337.
Tweedale, J. W. (2015). Aumentar o grau de autonomia através da criação de componentes automatizados numa estrutura de sistema multiagente. Sistemas de informação baseados no conhecimento na prática, 251-276.
Ud Din, F., Henskens, F., Paul, D., & Wallis, M. (2019). Fábrica inteligente orientada a agentes (AOSF): uma estrutura baseada em mas para smes na indústria 4.0. Agentes e sistemas multiagentes: Tecnologias e Aplicações 2018: Actas da 12.ª Conferência Internacional sobre Agentes e Sistemas Multi-Agentes: Tecnologias e Aplicações (KES-AMSTA-18) 12, 44-54.
Vaccaro, A., & Canizares, C. A. (2016). Uma estrutura baseada no conhecimento para análises de fluxo de potência e fluxo de potência ideal. IEEE Transactions on Smart Grid, 9(1), 230-239.
Vatananan-Thesenvitz, R., Schaller, A.-A., & Shannon, R. (2019). Uma revisão bibliométrica da base de conhecimento para a inovação no desenvolvimento sustentável. Sustentabilidade, 11(20), 5783.
Velkumar, K., & Thendral, P. (2020). Uma pesquisa sobre técnicas de mineração na web. 2ª Conferência Internacional sobre Novas Criações Científicas em Engenharia e Tecnologia

(ICNSCET-20) Jornal Internacional de Tendências Recentes em Engenharia e Pesquisa (IJRTER). Edição especial, 1457-2455.
Vistbakka, I., & Troubitsyna, E. (2021). Modelação de sistemas multiagentes colaborativos resilientes. Computing, 103(4), 535-557.
Vitabile, S., Conti, V., Militello, C., & Sorbello, F. (2009). Uma estrutura alargada baseada em JADE-S para o desenvolvimento de sistemas multiagentes seguros. Computer Standards & Interfaces, 31(5), 913-930.
Wang, X., Wang, H., Ji, H., & Han, J. (2022). Técnicas modernas de processamento de linguagem natural para mineração científica na Web: tarefas, dados e ferramentas. Actas da Conferência Web da ACM, 2022.
Wimmer, H., Yoon, V. Y., & Sugumaran, V. (2016). Um sistema multiagente para apoiar a medicina baseada em evidências e a tomada de decisões clínicas através da partilha de dados e da privacidade dos dados. Decision Support Systems, 88, 51-66.
Wooldridge, M. (2009). Uma introdução aos sistemas multiagentes. John Wiley & Sons.
Xiao, Y., Deng, Z., Tan, H., Jiang, T., & Chen, Z. (2022). Análise bibliométrica da base de conhecimento e tendências futuras sobre sarcopenia de 1999-2021. Revista Internacional de Pesquisa Ambiental e Saúde Pública, 19(14), 8866.
Xu, B., Liang, J., Xie, C., Liang, B., Chen, L., & Xiao, Y. (2019). CN-DBpedia2: uma estrutura de extração e verificação para enriquecer a base de conhecimento da enciclopédia chinesa. Inteligência de dados, 1(3), 271-288.
Y ang, F., Qiao, Y., Wang, S., Huang, C., & Wang, X. (2021). Blockchain e sistema multiagente para descoberta e previsão de memes na rede social. Sistemas baseados em conhecimento, 229, 107368.
Y ang, J., Yang, L., Quan, H., & Zeng, Y. (2021). Barreiras de implementação: Uma estrutura TASKS. Jornal de Design Integrado e Ciência de Processos, Pré-impressão, 1-14.
Y ang, Z., Dong, S., & Hu, J. (2021). GFE: estrutura aprimorada de conhecimento geral para recomendação sequencial explicável. Knowledge-Based Systems, 230, 107375.
Y anti, N., Kurniawan, R., Abdullah, S. N. H. S., Nazri, M. Z. A., Hunafa, W., & Kharismayanda, M. (2018). Sistema especialista baseado na web de doenças tropicais usando fator de certeza. 2018 2ª Conferência Internacional de Engenharia Elétrica e Informática (ICon EEI), 62-66.
Y e, X., Yavuz, S., Hashimoto, K., Zhou, Y., & Xiong, C. (2021). Rng-kbqa: Classificação iterativa aumentada de geração para resposta a perguntas da base de conhecimento. ArXiv Preprint ArXiv:2109.08678.
Y eng, S., Lyu, Z., Narisetti, S. R. K., Xu, D., & Joshi, T. (2019). Knowledge Base Commons (KBCommons) v1. 1: uma estrutura universal para integração de dados multi-ômicos e descobertas biológicas. BMC Genomics, 20(11), 1-16.
Y hang, M., Tang, X., Bai, Q., & Gu, J. (2006). Uma abordagem baseada em ontologias para a extração de conhecimentos e de peritos em sistemas multiagentes complexos.
Y hang, M., Tang, X., Bai, Q., & Gu, J. (2007). Descoberta de peritos e extração de conhecimentos em sistemas multiagentes complexos. Journal of Systems Science and Systems Engineering, 16(2), 222-234.
Y hang, S., Liu, X., & Song, W. W. (2014). Usando sistemas de informação baseados em conhecimento para apoiar o gerenciamento de sistemas de rede de sensores sem fio.
Y heng, W., Yin, L., Chen, X., Ma, Z., Liu, S., & Yang, B. (2021). Projeto de módulo de incorporação de gráfico de base de conhecimento para modelo de resposta a perguntas visuais. Pattern Recognition, 120, 108153.
Y

MIX
Papier aus verantwortungsvollen Quellen
Paper from responsible sources
FSC® C105338

Printed by Books on Demand GmbH, Norderstedt / Germany